Soy Cristiano

¿Ahora qué? Vol. 2

La vida de Jesús

LifeWay Press®
Nashville, TN 37234

LifeWay | Niños

ISBN: 9781430030447
Item #: 005620935
Dewey: 242.62

Impreso en los Estados Unidos de América.

Multi-Language Publishing
LifeWay Church Resources
One LifeWay Plaza
Nashville, Tennessee 37234-0135

Creemos que la Biblia tiene a Dios como su autor, su finalidad es la salvación
y su tema es la verdad, sin ninguna mezcla de error.
Para ver los principios doctrinales que sustentamos,
visite *www.lifeway.com/doctrinalguideline*.

ÍNDICE

Cómo utilizar tu diario: Soy Cristiano. ¿Ahora qué?, Vol. 2. .4

Compromiso de padres e hijos 5

Jesús: En el Antiguo Testamento **6**

    Línea de tiempo de la vida de Jesús 10

Jesús: Su nacimiento **12**

    La genealogía de Jesús 16

    Mi árbol genealógico 17

Jesús: Su bautismo y sus tentaciones **18**

    El bautismo de Jesús 22

    Mi bautismo 23

    Palestina en el tiempo de Jesús 24

    El ministerio de Jesús alrededor del Mar de Galilea 25

Jesús: ¡Sígueme! **26**

    Los mandamientos de Jesús 30

    Los discípulos de Jesús 31

Jesús: El Sermón del Monte **32**

    Los libros de la Biblia 36

Jesús: Las parábolas **38**

    Demuestra tus conocimientos bíblicos 42

Jesús: Los milagros **44**

    Milagros en los Evangelios 48

Jesús: Las sanidades **50**

    Yo puedo orar 54

    Lista de oración 55

Jesús: Vidas cambiadas **56**

    El 1-2-3 para llegar a ser cristiano 60

    Mi testimonio 61

Jesús: Sus nombres **62**

    Datos acerca de Jesús 66

Jesús: Su entrada triunfal y la Cena del Señor **68**

    ¡Hosanna! 72

    Descifra el código 73

Jesús: Sus amigos y sus enemigos **74**

    Une a la persona con la acción 78

    Profundicemos 79

Jesús: El juicio **80**

    ¿Quién es quién? 84

    Desafío 85

Jesús: La crucifixión **86**

    Datos sobre la crucifixión 90

Jesús: Resucitado de los muertos **92**

    Jesús: De Domingo de ramos a la resurrección 96

    ¡Piénsalo! 98

Mis notas sobre el sermón 100

¿Qué viene después? 106

Compromiso de continuación de padres e hijos 107

Conoce a los escritores 108

Acerca de mí 110

Certificado 111

CÓMO UTILIZAR TU DIARIO:
SOY CRISTIANO. ¿AHORA QUÉ?, VOL. 2

Pedirle a Jesús que sea tu Salvador y Señor es la decisión más importante que tomarás en tu vida. Nadie puede tomar esa decisión en tu lugar. Ahora que eres cristiano, es importante que aprendas más sobre esto. Ese es el propósito de este libro. La información que encontrarás en estas páginas te ayudará a descubrir más sobre la vida de Jesús y lo que Él espera de ti ahora que eres su seguidor. A continuación te damos algunas ayudas sobre cómo usar tu diario.

✓ Pídeles a tus padres que lean la página 5 contigo. Después de leer las promesas, tú y tus padres deberían firmar los compromisos.

✓ Comienza con la introducción al primer grupo de devocionales (pág. 6). Lee la introducción y el devocional del día 1. Completa solo las actividades de un día por vez.

✓ Busca el "Versículo de hoy" en tu Biblia. Tómate unos minutos para leer los versículos y pensar en ellos.

✓ Desafíate a ti mismo a leer más versículos buscando, leyendo y pensando sobre los versículos que están bajo el título "Desafío".

✓ Toma notas, escribe y dibuja en tu diario. Este diario es tuyo; toma notas de lo que aprendes y de lo que Dios te dice.

✓ Presta atención a lo que Dios te dice cada día.

✓ Guarda tu diario en un lugar seguro.

✓ Si te saltas un día, vuelve al siguiente desde donde lo dejaste.

✓ Pídeles a tus padres (o a otro adulto) que te ayude si no entiendes algo.

✓ Sigue las sugerencias de oración en cada devocional. Tómate un tiempo para prestar atención a lo que Dios te dice.

✓ Tómate todo el tiempo que necesites cada día para completar las actividades.

✓ Presta atención a lo que lees. Al trabajar en este libro, quizá pienses que ya leíste algo de lo que está aquí en algún estudio anterior. ¡Tienes razón! Algunas cosas que tienen que ver con la vida cristiana están relacionadas con más de un área y por eso se incluyen más de una vez.

En este diario hay algunas páginas en las que tus padres trabajarán contigo. Cuando veas el título "Alerta para padres", llévales el diario a tus padres y pídeles que realicen esa actividad contigo.

COMPROMISO DE PADRES E HIJOS

Estimados padres:

Su hijo ha tomado la decisión más importante que pueda tomar en su vida. La decisión de pedirle a Jesús que sea su Señor y Salvador no solo influirá en su vida hoy, sino para toda la eternidad. Dios les ordena a ustedes, los padres, que instruyan a su hijo (Deuteronomio 6:4-9). Este diario *Soy Cristiano. ¿Ahora qué?* Vol. 2 tiene como fin ayudar a su hijo a conocer y comprender a Jesús cada vez mejor. Cada semana, su hijo estudiará un tema nuevo relacionado con la vida de Jesús y tendrá seis devocionales diarios para completar. De ser posible, hagan que comience el lunes con la introducción y el devocional del día 1. No se han incluido devocionales para los domingos, así que en esos días pueden usar este tiempo para adorar a Dios con su hijo.

Animen a su hijo a completar por sí solo la mayor parte posible del diario. Hagan que aprenda a usar su Biblia, responder preguntas y orar. Estén cerca para ayudarlo cuando lo necesite. Una de las cosas más importantes que pueden hacer por su hijo es orar por él todos los días.

¿Listos para comenzar? Lean los compromisos que están a continuación junto con su hijo. Tómense unos minutos para orar juntos y luego firmen los compromisos.

COMPROMISOS DE PADRES E HIJOS

COMPROMISO DE LOS PADRES

√ Prometo orar por ti y alentarte cada día.
√ Prometo ayudarte cuando lo necesites.
√ Prometo no leer tu diario a menos que tú me des permiso.

Firma _____

Fecha _____

COMPROMISO DEL HIJO

√ Prometo orar por mí mismo cada día.
√ Prometo pedir ayuda cuando lo necesite.
√ Prometo que mi prioridad será completar el devocional cada día.

Firma _____

Fecha _____

JESÚS: EN EL ANTIGUO TESTAMENTO

LANDRY HOLMES

Si un amigo te pidiera que le describieras el Antiguo Testamento, ¿qué le dirías? ¿Le contarías que es la primera parte de la Biblia? ¿Le dirías que tiene 39 libros? Quizá le mencionarías las cinco divisiones que lo forman: Ley, Historia, Poesía, Profetas Mayores y Profetas Menores. Hasta podrías decirle que el Antiguo Testamento habla de las cosas que sucedieron antes de que Jesús naciera.

Después, tu amigo podría pedirte que le describieras el Nuevo Testamento. Entonces, ¿le dirías que habla del nacimiento, la vida, la muerte y la resurrección de Jesús? Podrías contarle que el Nuevo Testamento relata el comienzo de la iglesia. Y podrías explicarle que hay 27 libros en el Nuevo Testamento y cinco divisiones: Evangelios, Historia, Cartas de Pablo, Cartas Universales y Profecía.

Todas tus respuestas serían correctas, pero no enteramente ciertas. Toda la Biblia, Antiguo y Nuevo Testamento, forma UNA sola historia. Toda la Biblia, con sus 66 libros y 10 divisiones, es la historia de Dios.

Dado que la Biblia es la historia de Dios, entonces, tanto el Antiguo como el Nuevo Testamento hablan del Hijo de Dios: Jesús. Aunque el nombre "Jesús" no se encuentra en el Antiguo Testamento, sí encontramos otros nombres de Jesús. Descubriremos uno de ellos esta semana.

En el Nuevo Testamento, Pablo nos recuerda que Jesús ha existido desde antes del comienzo del mundo. Jesús no solo ha existido siempre, sino que Él creó el mundo. Piénsalo un momento. Jesús es Creador, así como Dios el Padre es Creador. Jesús no apareció hasta 2,000 años después de que Dios creó el mundo. Él siempre estuvo presente, aun antes de que existiera la tierra.

El Nuevo Testamento no es el único lugar en que aprendemos acerca de Jesús y la prueba de su existencia. Los profetas del Antiguo Testamento hablaban de Alguien que iba a venir a la tierra a rescatar al pueblo de Dios del pecado. Una y otra vez, los profetas del Antiguo Testamento proclamaron la venida del Mesías. Sin embargo, aun antes que los profetas hablaran de Jesús, en el primer libro de la Biblia, Dios dijo que iba a enviar a un Salvador al mundo. (Lee Génesis 3:15; aprenderás más acerca de este versículo en el día 2).

¿Por qué se necesita un Salvador? ¿Por qué Jesús tuvo que dejar el cielo y venir a la tierra como un bebé? ¿Por qué tuvo que crecer y hacerse hombre? ¿Por qué tuvo que morir? ¿Por qué Dios lo resucitó de los muertos? ¿Por qué Jesús está vivo hoy?

Al leer y estudiar la Biblia durante las siguientes 15 semanas, comenzarás a descubrir las respuestas a estas preguntas. Solo recuerda que toda la Biblia forma UNA sola historia: la historia de Dios. Esa historia nos habla de Jesús y de cómo debemos vivir como cristianos.

DÍA 1

JESÚS SIEMPRE EXISTIÓ

VERSÍCULOS DE HOY: Juan 1:1-3
DESAFÍO: Juan 1:1-18

 HACER Escribe tus respuestas a las preguntas:

 ¿Cómo sabes si algo o alguien es real?

¿Cómo sabes que Jesús es real?

¿Qué le dirías a un amigo que te pidiera que demuestres que Jesús es real y siempre ha existido?

 SABER

✓ Jesús estuvo con Dios desde el comienzo del tiempo. Jesús es Dios. (Juan 1:1-2)
✓ Jesús creó el mundo. (Colosenses 1:15-17)
✓ Jesús es plenamente Dios y cuando vino a la tierra, fue plenamente hombre también. (Filipenses 2:5-11)
✓ Jesús es el Hijo de Dios. (Gálatas 4:4)
✓ Muchas personas del Nuevo Testamento no reconocieron a Jesús como Hijo de Dios. (Juan 1:10)
✓ Muchas personas, aún hoy, no creen que Jesús es el Hijo de Dios.

ORAR Dale gracias a Dios por su Hijo, Jesús. Cuéntale a Dios que tú crees que Jesús siempre ha existido. Pídele que te ayude a contarle a alguien acerca de Jesús esta semana.

DÍA 2

JESÚS SIEMPRE ESTUVO EN EL PLAN DE DIOS

VERSÍCULOS DE HOY: Génesis 3:14-15
DESAFÍO: Génesis 3:1-24

HACER La historia de Génesis 3 es real y cierta, y mucho más emocionante que lo que encontramos en las historietas. En los espacios que ves aquí abajo, dibuja tú mismo lo que Génesis 3:14,17-18 dicen que sucederá como resultado del pecado de Adán y Eva.

GÉNESIS 3:14

GÉNESIS 3:17-18

 SABER

✓ Dios sabe todas las cosas. Él sabía que Adán y Eva iban a pecar desobedeciéndole.
✓ Pero Dios tenía un plan para solucionar el pecado. Ese plan era, y sigue siendo, Jesús.
✓ Jesús vino a la tierra para poder morir por nuestros pecados y resucitar de los muertos.
✓ ¡Jesús está vivo!
✓ Jesús venció a Satanás, tal como Dios dijo que lo haría. (Génesis 3:15)

ORAR Dale gracias a Dios porque Jesús murió por tus pecados y resucitó de los muertos para darte vida eterna. Pídele a Dios que te ayude a no pecar.

DÍA 3

EL ANTIGUO TESTAMENTO HABLA ACERCA DEL PLAN DE DIOS

VERSÍCULO DE HOY: Isaías 7:14 / DESAFÍO: Mateo 1:18-23

HACER Un *plan* es "saber lo que quieres hacer en el futuro". Encierra en un círculo las figuras que representan cosas que piensas hacer o lugares donde planeas ir.

¿Incluyen a Jesús algunos de estos planes? Marca con una tilde las figuras de los planes que incluyen a Jesús.

SABER

✓ *Emanuel* es otro nombre de Jesús. Significa "Dios con nosotros".
✓ El plan de Dios es estar con nosotros por medio de Jesús, su Hijo.
✓ Después que te haces cristiano, Jesús siempre te acompaña.
✓ Dado que Jesús siempre está contigo, tus planes siempre deben empezar por Jesús.

ORAR Dale gracias a Dios porque siempre está contigo por medio de su Hijo, Jesús. Pídele que te ayude a incluir siempre a Jesús en tus planes.

DÍA 4

EL ANTIGUO TESTAMENTO HABLA DEL NACIMIENTO DE JESÚS

VERSÍCULO DE HOY: Miqueas 5:2 / DESAFÍO: Mateo 2:1-12

HACER Pídele a tu mamá o a tu papá que te ayude a responder estas preguntas acerca de dónde naciste:

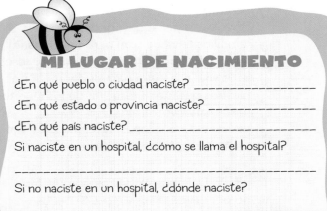

MI LUGAR DE NACIMIENTO

¿En qué pueblo o ciudad naciste? _____

¿En qué estado o provincia naciste? _____

¿En qué país naciste? _____

Si naciste en un hospital, ¿cómo se llama el hospital?

_____

Si no naciste en un hospital, ¿dónde naciste?

_____

SABER

✓ Los ancestros terrenales de Jesús (es decir, sus miembros mayores de la familia) eran, entre otros: Abraham, Rut, Booz y el rey David.
✓ Rut y Booz vivieron en Belén, una aldea cerca de Jerusalén. David también fue ungido rey en Belén.
✓ Unos 700 años antes de que Jesús naciera, el profeta Miqueas dijo que iba a nacer en Belén.
✓ *Belén* significa "casa del pan".

ORAR Dale gracias a Dios porque Él te ama tanto que cumplió su promesa de enviar a su Hijo Jesús a nacer en un pequeño pueblo.

DÍA 5 — EL ANTIGUO TESTAMENTO HABLA ACERCA DE LA OBRA DE JESÚS

VERSÍCULOS DE HOY: Isaías 61:1-3
DESAFÍO: Lucas 4:16-21

HACER Jesús quiere que la iglesia continúe la obra que Él comenzó hace 2,000 años. Aunque eres un niño, tú también puedes ayudar a tu iglesia a hacer esa obra. Dibuja una carita feliz junto a cada una de las cosas que puedes ayudar a hacer a tu iglesia.

___ Dar de comer a gente que tiene hambre.

___ Dar dinero para ayudar a los misioneros.

___ Limpiar los canteros del jardín de un anciano.

___ Hablarles a tus amigos de Jesús y cómo pueden hacerse cristianos.

___ Invitar a tus amigos a la iglesia.

___ Otra: _____

SABER

✓ La tradición que siguió Jesús fue leer de lo que conocemos como parte del Antiguo Testamento. Luego, Él explicó lo que ese pasaje significaba.

✓ Jesús leyó una profecía del libro de Isaías que trataba sobre el Mesías.

✓ El profeta Isaías dijo lo que el Mesías iba a hacer cuando llegara a la tierra.

✓ Jesús le dijo a la gente que Isaías hablaba de Él. Jesús es el Mesías.

ORAR Dale gracias a Dios por la obra que Jesús vino a hacer. Pídele que te ayude a hacer las cosas que Él quiere que hagas.

DÍA 6 — EL ANTIGUO TESTAMENTO HABLA DE LA MUERTE Y LA RESURRECCIÓN DE JESÚS

VERSÍCULOS DE HOY: Salmo 16:8-11; Isaías 53:4-6
DESAFÍO: Hechos 2:22-36; 8:26-40

HACER Esta semana, aprendiste que toda la Biblia, tanto el Antiguo como el Nuevo Testamento, nos habla de Jesús. La Biblia nos dice por qué Jesús vino a la tierra, por qué tuvo que morir, y que resucitó de los muertos. La Biblia también nos ayuda a saber cómo los cristianos pueden hacer las cosas que Jesús quiere que hagan.

Vuelve a leer los devocionales de esta semana. Escribe un dato o una idea de cada uno de los últimos días que quieras recordar.

DÍA 1
DÍA 2
DÍA 3
DÍA 4
DÍA 5
HOY

SABER

✓ El profeta Isaías escribió que el Mesías iba a sufrir y morir por nuestros pecados.

✓ El rey David escribió sobre la promesa de que el Mesías iba a resucitar de los muertos.

✓ Pedro predicó sobre la muerte y la resurrección de Jesús.

✓ Felipe usó pasajes bíblicos de Isaías para hablarle a un hombre etíope de Jesús.

 ORAR Dale gracias a Dios por su Hijo, Jesús. Dale gracias por darte la Biblia, que habla de Jesús. Pídele que te ayude a recordar lo que te enseñó esta semana.

LÍNEA DE TIEMPO DE LA VIDA DE JESÚS

2 Fue adorado por los pastores.

3 Fue saludado por Simeón y Ana en el templo.

1 Nació en Belén.

11 Sanó a la hija de Jairo.

10 Calmó la tormenta.

12 Alimentó a los 5,000.

9 Predicó el Sermón del Monte.

14 Sanó a diez hombres que tenían una enfermedad en la piel.

13 Caminó sobre el agua.

22 Fue sepultado en una tumba.

21 Fue crucificado.

24 Se apareció a muchas personas.

23 Resucitó: ¡Jesús está vivo!

4 Fue visitado por los sabios.

5 Aprendió en el templo.

6 Fue bautizado por Juan.

8 Llamó a los primeros discípulos.

7 Fue tentado por el diablo.

15 Bendijo a los niños.

16 Visitó a Zaqueo.

17 Entró en Jerusalén triunfante.

20 Fue arrestado y enjuiciado.

19 Oró en Getsemaní.

18 Tomó la cena de la Pascua con los discípulos.

25 Preparó el desayuno para los discípulos.

26 Ascendió al cielo.

JESÚS: SU NACIMIENTO

JERRY VOGEL

El nacimiento de Jesús es emocionante en muchos sentidos. Piénsalo: ¡Dios envió a Jesús a la tierra solo por nosotros! Dios nos ama tanto que sabía que necesitábamos alguna forma de que nuestros pecados fueran perdonados. Su plan fue enviar a Jesús, pero no para que pudiéramos tener un feriado, dar y recibir regalos o hacer una fiesta de cumpleaños. Dios envió a Jesús a nosotros para que pudiera enseñarnos acerca del amor de Dios, morir en la cruz por nuestros pecados y vivir para siempre como el Salvador del mundo.

Al celebrar el nacimiento de Jesús cada año en Navidad, tenemos oportunidades no solo de pensar en lo que vino a hacer Jesús en la tierra, sino para contarle a todo el mundo acerca de la verdadera razón por la que Dios lo envió. Muchas personas están más interesadas en escuchar acerca de Jesús en Navidad que en otras ocasiones. La historia del nacimiento de Jesús puede ser el punto de partida para hablarles a los demás de Él.

¿Nació Jesús realmente el 25 de diciembre? Posiblemente no. Los detalles que da la Biblia acerca del nacimiento de Jesús (y de otras personas y acontecimientos que rodearon su nacimiento) llevan a muchas personas a creer que Jesús, el Mesías, nació, en realidad, alrededor de fines del año 5 a.C. o principios del año 4 a.C., posiblemente entre noviembre y marzo. Pero ¿sabes? El día y el año precisos en que nació Jesús no son lo más importante que debemos saber. Lo que es importante es que las historias de la Biblia acerca de que Dios envió a Jesús como un bebé son ciertas. Jesús creció, se hizo niño, y luego hombre, un hombre que hizo cosas que nadie más podía hacer: especialmente, morir en la cruz por nuestros pecados. ¡Eso sí que es para celebrar!

Durante los siguientes seis días, tendrás oportunidades de estudiar los detalles del nacimiento de Jesús. Desafíate a ti mismo a leer estos versículos y pensamientos como si los escucharas por primera vez (¡tal vez sea realmente así!). Mientras lees y estudias, recuerda que estas historias tratan sobre personas reales que vivieron en esta tierra como tú. Cada detalle del nacimiento de Jesús es importante y vale la pena aprenderlo. Dios quiere que veas que Él se ha ocupado exactamente de lo que es necesario hacer para que cada uno de nosotros llegue a ser parte de la familia de Dios.

DÍA 1

MARÍA Y JOSÉ FUERON VISITADOS POR ÁNGELES

VERSÍCULOS DE HOY: Lucas 1:30-31; Mateo 1:20-21 / **DESAFÍO:** Lucas 1:26-38; Mateo 1:18-21

HACER Pregúntale a tu mamá o a tu papá cómo fue cuando se enteraron de que tú ibas a nacer. ¿Les habló un ángel? ¿Los ayudó un médico a saber que tú estabas en camino?

Pon estos detalles acerca del nacimiento de Jesús en el orden correcto numerándolos del 1 al 5. Lee Lucas 1:26-38 si necesitas ayuda.

___ María dijo: "Yo soy la esclava del Señor, que se haga como tú has dicho".

___ El ángel Gabriel le dijo a María que ella iba a tener un hijo.

___ María estaba confundida y preocupada por esta noticia tan repentina, pero tuvo fe en Dios.

___ El ángel Gabriel se le apareció a una jovencita judía llamada María.

___ El ángel le dijo a María que le pusiera por nombre "Jesús" al bebé y que Él era el Hijo de Dios.

 SABER

✓ Dios eligió a María y a José para que fueran los padres de Jesús aquí en la tierra.

✓ Dios les dio a María y a José solo los detalles y la información que necesitaban en ese momento.

✓ María y José obedecieron a Dios y estuvieron dispuestos a ser parte de su plan.

✓ Dios planeó lo que Jesús iba a hacer desde el comienzo del tiempo.

ORAR Dale gracias a Dios por enviar a Jesús como un bebé. Pregúntale si hay áreas de tu vida en que debes obedecerle.

DÍA 2

EL VIAJE A BELÉN

VERSÍCULOS DE HOY: Lucas 2:1-4 / **DESAFÍO:** Mateo 1:1-17

HACER Piensa estas cosas:

? ¿Crees que el viaje de Nazaret a Belén fue fácil?
☐ sí ☐ no

? ¿Crees que María y José entendían todo del plan de Dios? ☐ sí ☐ no

? ¿Alguna vez Dios te pidió que hicieras algo que no era fácil? ☐ sí ☐ no

Dibuja una cara que muestre cómo te sentiste cuando Dios te guió a hacer algo que no entendías.

 SABER

✓ María y José vivían en una aldea llamada Nazaret.

✓ María y José tuvieron que viajar a Belén, de donde era la familia de José, para registrarse para pagar sus impuestos.

✓ Tanto Nazaret como Belén estaban en el país que hoy se llama Israel.

✓ Belén se encontraba a unas 65 a 70 millas (110 Km) de Nazaret.

ORAR Dale gracias a Dios por obrar en la vida de María y José para que Jesús pudiera nacer exactamente donde la Biblia decía que iba a nacer. Dile a Dios que lo amas por cumplir su promesa.

DÍA 3
EL LUGAR DONDE NACIÓ JESÚS

VERSÍCULOS DE HOY: Lucas 2:6-7
DESAFÍO: Lucas 2:1-5

 HACER Piensa lo siguiente: ¿Alguna vez te hospedaste en un hotel? ¿Cómo fue? Si nunca lo hiciste, ¿cómo crees que es?

? ¿Cómo te sientes al pensar que el Hijo de Dios, Jesús, nació en un establo?

? En el siguiente espacio, dibuja cómo crees que habrá sido el establo en que nació Jesús. Dibuja el pesebre que podría haber sido la cuna de Jesús.

 SABER

✓ Cuando María y José llegaron a Belén, no había lugar para que se hospedaran porque las posadas (hoteles) ya estaban llenas.

✓ María y José se alojaron en un establo, un lugar donde se guardaban los animales y probablemente usaron paja fresca como cama.

✓ No había una cuna en el establo, así que María y José pusieron a Jesús en un pesebre (un comedero para animales). Probablemente el pesebre tuviera paja fresca para hacer como una cuna mullida.

ORAR Dale gracias a Dios por tu familia. Dale gracias por darte una familia que te cuida. Dale gracias por el lugar donde vives y por todas las cosas maravillosas que tienes.

DÍA 4
LOS PASTORES ADORAN

VERSÍCULOS DE HOY: Lucas 2:15-20
DESAFÍO: Lucas 2:1-20

HACER Piensa lo que significa adorar a Dios y a Jesús. Adorar implica decirle a Dios que lo amas y darle gracias por amarte.

Los pastores encontraron al Niño Jesús en el pesebre y lo adoraron. Busca las siguientes palabras relacionadas con la adoración en la sopa de letras: *orar, cantar, leer la Biblia, obedecer, dar, servir, hablar de mi fe, dar gracias, amar a los demás, usar mis talentos.*

```
A M A R A L O S D E M A S X Z
Q W G L E E R L A B I B L I A
J K Ñ H A B L A R D E M I F E
B Z X R Q W Ñ K G U G V P X Z
F G C A Q W U Y R C A N T A R
U S A R M I S T A L E N T O S
H Z X O B E D E C E R Ñ K U P
M J I B S E R V I R X Z Q W Ñ
K W Q Y V X F D A R K L Q U I
Ñ K L H U Y Q Z S H R W Q Ñ X
```

¿De qué otras maneras puedes adorar a Jesús?

 SABER

✓ Después de que un ángel les dijo a los pastores que el Mesías había nacido en Belén, ellos encontraron a Jesús en un pesebre y lo adoraron.

✓ Los pastores les contaron a todos los que pudieron la buena noticia de que Jesús había nacido.

✓ Dios quiere que les hablemos a las personas de Jesús.

ORAR Cuéntale a Dios cuánto lo amas. Dale gracias por todo lo que ha hecho por ti. Dale gracias por cosas específicas: tu familia, la iglesia, Jesús, tu salvación.

DÍA 5

LA VISITA DE LOS SABIOS

VERSÍCULOS DE HOY: Mateo 2:1-2 / DESAFÍO: Mateo 2:3-12

HACER Los sabios le llevaron regalos a Jesús. ¿Qué le puedes regalar tú a Jesús? En cada caja, escribe un regalo que puedes darle.

PARTIDA

LLEGADA

SABER

✓ Unos sabios de países del Oriente vieron una estrella en el cielo y la siguieron para encontrar a Jesús.

✓ Los sabios le llevaron a Jesús oro, incienso y mirra—algunas de las cosas más finas que se podían encontrar en el mundo en ese tiempo.

✓ Dios les hizo saber a los sabios que no debían contarle al rey Herodes dónde estaba Jesús, porque Herodes quería hacerle daño a Jesús o matarlo.

ORAR Dale gracias a Dios por ayudarte a saber de Jesús y de su nacimiento. Pregúntale cómo puedes mostrarles su amor a los demás.

DÍA 6

EL PLAN DE DIOS PARA TODOS

VERSÍCULO DE HOY: Juan 3:16 / DESAFÍO: Gálatas 4:4; Filipenses 2:5-11

HACER Colorea todos los números 1 en la siguiente grilla para revelar un nombre muy especial.

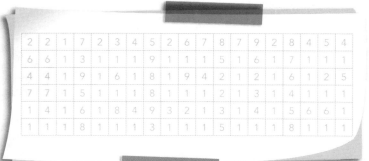

¿Qué nombre descubriste?

Piensa en Semana Santa y Navidad. ¿Por qué celebramos estas festividades?

SABER

✓ Todos hemos pecado (es decir que hemos elegido nuestro propio camino en lugar del de Dios).

✓ Necesitamos un Salvador que nos salve de nuestros pecados.

✓ Jesús es el Hijo de Dios y nuestro Salvador. Jesús murió en la cruz por nuestros pecados.

✓ Si le pedimos perdón, Él perdonará nuestros pecados.

✓ Podemos llegar a ser parte de la familia de Dios e ir al cielo a vivir con Él para siempre.

ORAR Dale gracias a Dios por enviar a Jesús para que sea tu Salvador. Pídele que te ayude a hablarles a los demás de Jesús.

LA GENEALOGÍA DE JESÚS

Una *genealogía* es un "estudio de la línea de ancestros (gente de la familia) de una persona".
Lee Mateo 1:1-16 y completa los espacios en blanco con los nombres que falten en la genealogía
de Jesús. (NOTA: Algunos nombres de la Biblia se escriben de manera diferente según la
traducción que leas).

De Abraham a David

_____ engendró a Isaac.
Isaac engendró a Jacob.
Jacob engendró a _____,
_____ engendró a Fares.
Fares engendró a Esrom,
y Esrom a _____
_____ engendró a Aminadab.
Aminadab engendró a Naasón.
Naasón engendró a Salmón.
Salmón engendró a _____,
_____ engendró a Obed.
Obed engendró a Isaí.
Isaí engendró a _____.

De David al exilio en Babilonia

_____ engendró a Salomón.
Salomón engendró a Roboam.
Roboam engendró a Abías.
Abías engendró a _____,
_____ engendró a Josafat.
Josafat engendró a Joram.
Joram engendró a Uzías. _____
_____ engendró a Jotam,
Jotam engendró a Acaz, y
Acaz engendró a Ezequías.
Ezequías engendró a _____,
_____ engendró a Amón,
y Amón a Josías.
Josías engendró a Jeconías.

Desde el exilio hasta el Mesías

Jeconías engendró a _____,
_____ engendró a Zorobabel.
Zorobabel engendró a Abiud,
Abiud a Eliaquim,
y Eliaquim a _____,
_____ engendró a Sadoc,
Sadoc a Aquim, y Aquim a Eliud.
Eliud engendró a _____,
_____ engendró a Matán,
Matán a Jacob; y Jacob engendró a _____
marido de _____, de la cual nació _____
llamado el _____

MI ÁRBOL GENEALÓGICO

¿Sabes quiénes son tus ancestros?

Comienza por el recuadro al pie del árbol y escribe allí tu nombre. Luego, agrega los de tus padres y los de tus abuelos (los padres de tus padres).

ALERTA PARA PADRES

Pide ayuda a tus padres para completar al máximo posible tu árbol genealógico (tu genealogía). Pídeles que te cuenten anécdotas de los miembros de tu familia mientras tú completas el árbol.

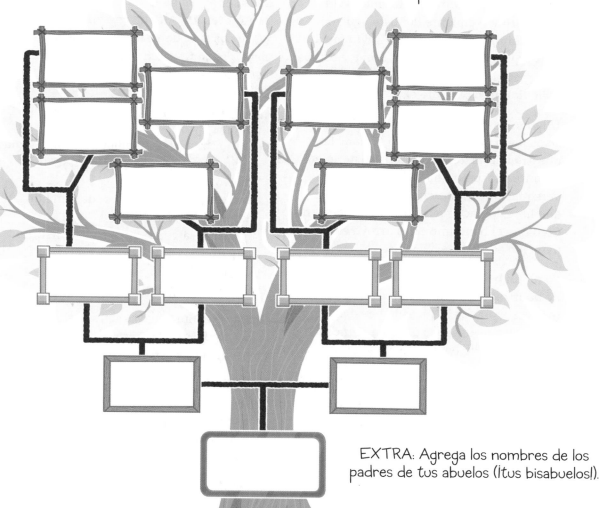

EXTRA: Agrega los nombres de los padres de tus abuelos (¡tus bisabuelos!).

JESÚS: SU BAUTISMO Y SUS TENTACIONES

JEFF LAND

Recuerdo el día en que me bauticé. Tenía 6 años y me preguntaba cómo se sentiría el agua. Por alguna razón, creía que el agua iba a estar muy fría. Llegué hasta ese enorme recipiente lleno de agua (el bautisterio) y metí el pie. Me alivió mucho sentir que el agua que cubría mi pie estaba tibia, pero lo que no me alivió fue ver un grillo flotando cerca de él.

¿Alguna vez pensaste en el día que Jesús fue bautizado en el río Jordán? En nuestra iglesia, tenemos el bautisterio en el santuario, pero una vez por año, si hay personas que prefieren ser bautizadas al aire libre, lo hacemos en un arroyo cercano. Creo que el bautismo en el arroyo es más parecido a lo que Jesús vivió.

Yo no fui bautizado en un arroyo, pero sí he bautizado a algunos niños allí. ¿Cómo te parece que fue? ¡Húmedo y resbaladizo! Creo que a Jesús le pasó más o menos lo mismo. Cuando bautizaba a los niños en el arroyo, me llené de barro los pies y hasta… ¿te imaginas? ¡Sí, vi un grillo flotando en el agua! ¡Igual que cuando me bautizaron a mí en el bautisterio de mi iglesia!

La Biblia nos dice que Juan el Bautista bautizó a Jesús. Esta semana, estudiarás algo más sobre por qué el bautismo es tan especial. También aprenderás cómo Dios respondió cuando Jesús se bautizó.

Después de su bautismo, Jesús fue probado. Estas pruebas no eran como los exámenes de matemáticas o de letras; eran mucho más serias. Se llaman tentaciones. El diablo tentó a Jesús. ¿Alguna vez fuiste tentado? ¿Qué cosas te tientan? Lee la siguiente lista. ¿Te sientes tentado a hacer alguna de estas cosas?

- Golpear a tu hermano cuando te hace enojar.
- Tomar dinero de la billetera de tu mamá cuando quieres comprarte un juguete nuevo.
- Tratar mal a alguien porque tiene un aspecto diferente.
- Hablar de alguien que se viste distinto que tú.
- Comer golosinas antes de la cena.
- Chupar a tu perro.

Probablemente te hayas sentido tentado a hacer algunas de las cosas que leíste arriba. Por lo menos, yo sí.

La Biblia dice que Jesús fue tentado de tres formas diferentes. Esta semana, verás las diferentes formas en que Él fue tentado y verás cómo Jesús pudo evitar ceder a la tentación.

El Espíritu Santo te ayudará a ser más como Jesús, siguiendo su ejemplo en el bautismo y no cediendo a la tentación. Los seguidores de Jesús deben ser como Él para el resto del mundo.

DÍA 1

EL CAMINO DEL SEÑOR

VERSÍCULO DE HOY: Juan 14:6 / DESAFÍO: Mateo 3:1-11

 HACER Sigue el camino que ves a continuación. Al llegar a cada obstáculo, escribe una buena decisión que podrías tomar en esa situación tratando de ser cada vez más como Jesús.

¿Cuáles son los obstáculos que encuentras al tratar de ser más como Jesús?

SABER
- A veces, las personas dicen que conocen otro camino al cielo, pero Jesús es el único camino.
- Juan el Bautista bautizaba a las personas que confesaban sus pecados.
- Dios quiere que las personas se bauticen después de aceptar a Jesús como su Salvador.

ORAR Pídele a Dios que te dé el valor para bautizarte. Si ya has sido bautizado, pídele que te ayude a contarles a otros por qué es importante bautizarse.

DÍA 2

JESÚS FUE BAUTIZADO

VERSÍCULO DE HOY: Marcos 1:9 / DESAFÍO: Mateo 3:13-17

HACER Encierra en un círculo los lugares en que una persona puede ser bautizada.

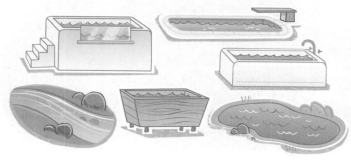

¿Cuáles encerraste? ¿Por qué?

¿Se te ocurren otros lugares en que puede bautizarse una persona?

SABER
- *Bautizar* significa "sumergir a alguien en el agua y hacerlo subir".
- Jesús "subió del agua" cuando fue bautizado, por lo cual sabemos que fue sumergido en ella.
- Cuando una persona se bautiza, está siguiendo el ejemplo de Jesús.
- El bautismo no hace cristiana a la persona, pero sí les muestra a los demás que ella ya es cristiana.

ORAR Dale gracias a Jesús por haberte dado un ejemplo perfecto para seguir. Ora para que Dios te ayude a ser un ejemplo para los demás, de cómo vivir como Jesús.

DÍA 3

JESÚS FUE TENTADO CON COMIDA

VERSÍCULO DE HOY: Deuteronomio 8:3
DESAFÍO: Mateo 4:1-4

HACER Marca con una tilde todas las cosas que quisieras comer.

pizza

pan

zanahoria

manzana

GOLOSINA

piedras

? ¿Qué cosas no marcaste? ¿Por qué?
? ¿Por qué no comerías piedras?

Hacía 40 días que Jesús no comía. El diablo sabía que Jesús tenía hambre, así que lo tentó para que convirtiera las piedras en pan. Jesús le dijo al diablo un versículo de Deuteronomio que dice que "no solo de pan vivirá el hombre".

SABER

Tentar significa "tratar de hacer que una persona cometa un acto malo o tome una mala decisión".
✓ Dios no puede ser tentado y Él no tienta a nadie.
✓ Con la ayuda del Espíritu Santo, tú puedes evitar ceder a la tentación.

ORAR Pídele a Dios que te ayude a evitar ceder a la tentación. Dale gracias a Dios por el Espíritu Santo que ayuda a sus seguidores cuando son tentados.

DÍA 4

JESÚS FUE TENTADO A PONER A PRUEBA A DIOS

VERSÍCULO DE HOY: Deuteronomio 6:16
DESAFÍO: Mateo 4:5-7

HACER ¿Sabías que puedes poner a prueba tus sentidos? Traza una línea de cada parte del rostro de la niña al objeto que puedes usar para probar cada sentido.

? ¿De qué otras maneras puedes poner a prueba tu sentido del gusto?
? ¿Qué sentido no está ilustrado en el dibujo?
? ¿Cómo puedes probar tu sentido del tacto?
? ¿Cómo tentó el diablo a Jesús para que pusiera a prueba a Dios?

SABER

✓ La tentación viene del diablo.
✓ La Biblia dice claramente que no debemos poner a prueba a Dios.
✓ Si se lo pides, Dios te perdonará cuando hayas cedido a la tentación.
✓ Memorizar pasajes bíblicos es una excelente forma de ayudarte a no ceder a la tentación.

ORAR Pídele a Dios que te ayude a memorizar pasajes bíblicos para estar preparado para evitar las tentaciones. Dale gracias por perdonarte cuando haces algo malo.

JESÚS FUE TENTADO CON EL PODER

VERSÍCULO DE HOY: Deuteronomio 6:13 / DESAFÍO: Mateo 4:8-11

 HACER En el siguiente recuadro, dibuja o escribe lo que harías si pudieras gobernar el mundo.

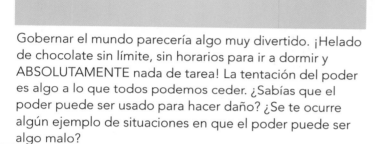

Gobernar el mundo parecería algo muy divertido. ¡Helado de chocolate sin límite, sin horarios para ir a dormir y ABSOLUTAMENTE nada de tarea! La tentación del poder es algo a lo que todos podemos ceder. ¿Sabías que el poder puede ser usado para hacer daño? ¿Se te ocurre algún ejemplo de situaciones en que el poder puede ser algo malo?

 SABER
- ✓ Dios dijo que debemos adorarlo solo a Él.
- ✓ Puedes evitar la tentación sabiendo qué cosas te tientan y apartándote de esas cosas o situaciones.
- ✓ Si se lo pides, Dios te ayudará a no ceder a la tentación.

ORAR Pídele a Dios que te ayude a evitar la tentación del poder. Ora para que Él te ayude a usar tus puntos fuertes para edificar a los otros. Dale gracias a Dios por no dejarte jamás.

JESÚS VENCIÓ LA TENTACIÓN

VERSÍCULO DE HOY: Filipenses 4:13 / DESAFÍO: Proverbios 28:6-10

HACER La Biblia dice que Jesús usó la Biblia como ayuda cuando fue tentado. Lee estos versículos y relaciona cada uno con la tentación que puede ayudarte a vencer.

Cuando te sientes tentado a:	Lee esto:
✓ Responderles mal a tus padres.	Mateo 6:19-21
✓ Decir una mala palabra.	Proverbios 11:13
✓ Comer demasiado.	Efesios 4:29
✓ Decir chismes sobre un amigo.	Proverbios 23:20-21
✓ Guardarte dinero.	Deuteronomio 5:16

La Biblia está llena de pasajes que te ayudarán a saber qué debes hacer cuando enfrentes tentaciones.

SABER Aprende este plan para vencer las tentaciones:
- ✓ Pídele a Dios que te ayude.
- ✓ Aprende de memoria pasajes bíblicos.
- ✓ Busca una persona con la que puedas hablar de las cosas que te tientan.
- ✓ Admite cuando has fallado y pídele a Dios que te perdone.
- ✓ Evita los lugares y las cosas que pueden tentarte.

ORAR Dale gracias a Dios porque Él siempre te protege. Pídele que te ayude a darte cuenta cuando vas a ser tentado y cómo evitar la tentación.

EL BAUTISMO DE JESÚS

Dibuja cómo crees que habrá sido el bautismo de Jesús.

¿Cuándo fue bautizado Jesús?

¿Dónde fue bautizado Jesús?

¿Quién bautizó a Jesús?

¿Quién vio a Jesús bautizarse?

¿Cómo crees que Jesús se sintió después de ser bautizado?

MI BAUTISMO

Si ya fuiste bautizado, dibuja cómo fue tu bautismo.
(O pídeles a tus padres una fotografía de tu bautismo y pégala dentro del marco).

¿Cuándo fuiste bautizado?

¿Dónde fuiste bautizado?

¿Quién te bautizó?

¿Quién vio tu bautismo?

¿Cómo te sentiste después de ser bautizado?

PALESTINA EN EL TIEMPO DE JESÚS

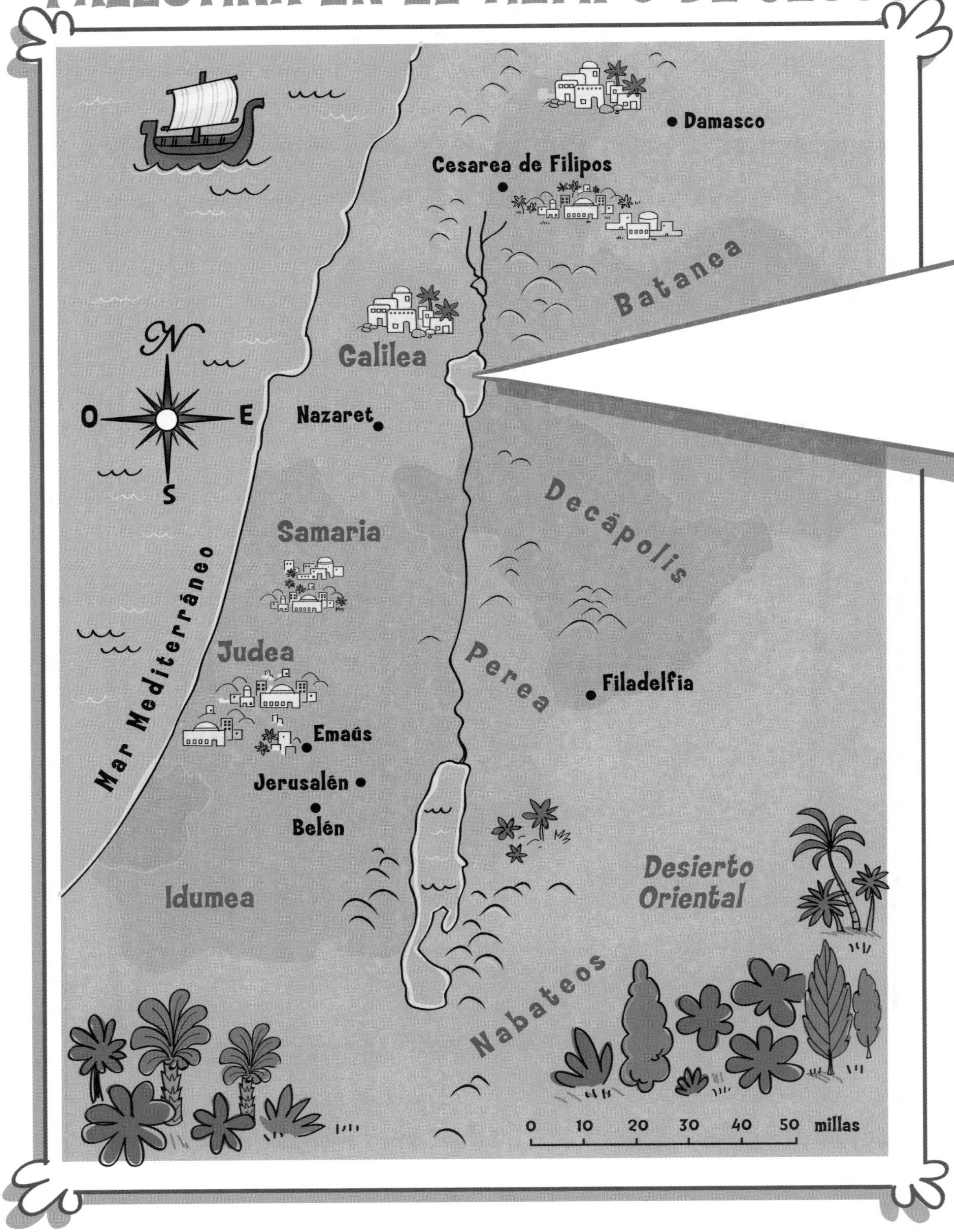

Damasco
Cesarea de Filipos
Batanea
Galilea
N
O
E
S
Nazaret
Decápolis
Samaria
Mar Mediterráneo
Judea
Perea
Filadelfia
Emaús
Jerusalén
Belén
Desierto Oriental
Idumea
Nabateos
0 10 20 30 40 50 millas

EL MINISTERIO DE JESÚS ALREDEDOR DEL MAR DE GALILEA

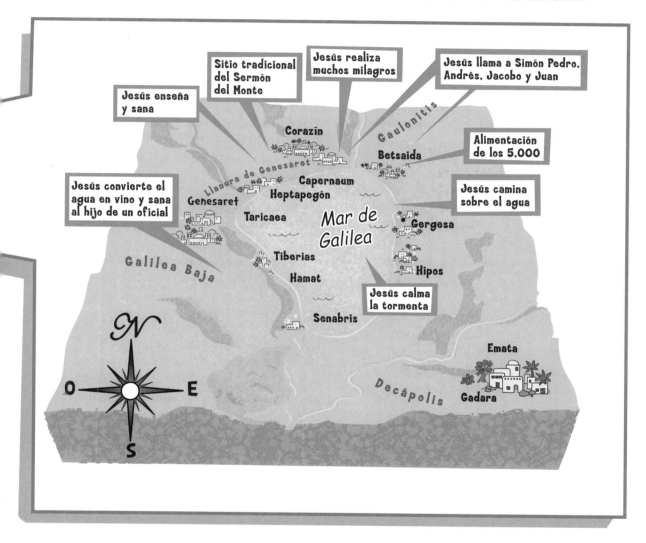

Lee los siguientes versículos bíblicos. Escribe los nombres de los lugares mencionados en los versículos. Busca los lugares en los mapas y toca cada uno con el dedo.

Mateo 2:1 _____   Mateo 15:29 _____

Mateo 4:13 _____   Mateo 16:13 _____

Mateo 14:34 _____   Mateo 21:1 _____

JESÚS: "¡SÍGUEME!"

CAROL ELLIS

Después de ser bautizado y tentado en el desierto, Jesús pasó a Capernaum, una aldea de pescadores junto al Mar de Galilea. Allí comenzó a predicar, llamando a las personas a arrepentirse (apartarse) de sus pecados.

Un día, mientras andaba junto a la costa del Mar de Galilea, Jesús vio a dos hombres, Simón Pedro y Andrés, su hermano, echando la red en el agua. Simón Pedro y Andrés eran pescadores; usaban redes para atrapar pescados. Jesús los llamó: "¡Síganme, y yo haré que pesquen personas!".

◎ ¿Cómo crees que respondieron los hombres? ¿Cómo hubieras respondido?

◎ ¿Qué crees que quería decir Jesús cuando les dijo a Pedro y Andrés que iban a pescar a personas?

Lee Mateo 4:18-20. Según el v. 20, Simón Pedro y Andrés dejaron de pescar inmediatamente y aceptaron la invitación de Jesús a seguirlo. Eso significa que no fueron a armar una maleta ni se despidieron de sus amigos. Simón Pedro y Andrés dejaron lo que estaban haciendo y siguieron a Jesús.

Lee Mateo 4:21-22. Imagina que Jesús continuó caminando junto al Mar de Galilea. Entonces, vio a otros dos pescadores, Jacobo y Juan, en un barco con su padre. Jesús invitó a esos hermanos también a seguirlo. ¿Viste lo que hicieron, según el v. 22? ¡Sí! Inmediatamente dejaron el barco (y a su padre) y siguieron a Jesús.

Al final, Jesús llamó a 12 hombres para que fueran sus primeros discípulos (apóstoles). Puedes encontrar los nombres de los doce discípulos en Mateo 10:2-4. Son: Pedro (Simón Pedro), Andrés, Jacobo (el hijo de Zebedeo), Juan, Felipe, Bartolomé, Tomás, Mateo, Jacobo (el hijo de Alfeo), Tadeo, Simón (el zelote) y Judas Iscariote.

Los discípulos dejaron todo: su trabajo, su familia, sus amigos, para seguir a Jesús. Decidieron ponerlo a Él primero, por encima de todo lo demás en sus vidas.

◎ ¿Por qué crees que estos hombres decidieron seguir a Jesús?

◎ ¿Por qué decidiste tú seguir a Jesús?

Los discípulos pasaron tiempo con Jesús y aprendieron de Él cómo vivir de maneras que agradan a Dios. Ellos trataban de hacer lo que Jesús decía y de seguir su ejemplo de servir a los demás. ¿Recuerdas lo que Jesús les dijo a Simón Pedro y a Andrés que iban a hacer si lo seguían a Él? Les dijo que iban a "pescar a personas". Eso significa que iban a ayudar a otras personas a conocer acerca de Jesús, el Salvador. Mientras seguían a Jesús, los discípulos les hablaban a las demás personas de Él.

Desde que le pediste a Jesús que fuera tu Salvador y Señor, tú eres un cristiano: un seguidor de Jesús. Escribe aquí la fecha en que te convertiste en un seguidor de Jesús:

_____

DÍA 1 — PON A DIOS PRIMERO

VERSÍCULOS DE HOY: Mateo 22:37-38
DESAFÍO: Mateo 16:24-25

 En la primera columna, escribe las 10 cosas o personas más importantes que hay en tu vida. En la segunda columna, numera a esas cosas o personas del 1 (la más importante) al 10 (la menos importante) para ti.

COSAS/PERSONAS IMPORTANTES

ORDEN DE IMPORTANCIA

Vuelve a mirar tu lista. ¿Incluiste a Dios? Si lo hiciste, ¿qué número de importancia le diste? Si no, ¿por qué no lo incluiste?

Lee Mateo 22:37-38 otra vez. Dios quiere que lo ames con todo tu corazón, tu alma y tu mente. ¡Eso significa que lo pondrás primero en tu vida!

SABER

✓ Dios quiere ser el Señor (el jefe) de tu vida.
✓ Dios quiere que le des lo mejor: lo mejor de tu tiempo, tus talentos y tus cosas.
✓ Dios quiere que quieras lo que Él quiere, no lo que tú quieres.

ORAR Dale gracias a Dios por invitarte a seguir a Jesús. Pídele que te ayude a ponerlo a Él primero permitiéndole ser el Señor de tu vida.

DÍA 2 — PASA TIEMPO CON DIOS

VERSÍCULO DE HOY: Mateo 6:33
DESAFÍO: 2 Timoteo 3:16-17

 Piensa en tu mejor amigo. Escribe su nombre aquí: _____
Ahora dibuja a tu mejor amigo.

Responde:
? ¿Qué cosas hacen cuando estás con tu mejor amigo?

? ¿Cuánto tiempo pasas con tu amigo cada día (o la mayoría de los días) en persona o charlando, chateando o enviándose mensajes de texto?

? ¿Qué cosas haces cuando pasas tiempo con Dios?

? ¿Cuánto tiempo pasas con Dios todos los días (o la mayoría de los días)?

? ¿Qué cambios tienes que hacer para pasar más tiempo con Dios?

SABER

✓ Dios quiere que pases tiempo con Él orando y leyendo la Biblia todos los días.
✓ Dios no solo quiere que le hables, quiere que también lo escuches.

 ORAR Pídele a Dios que te ayude a hacer los cambios que tienes que hacer para pasar más tiempo con Él.

DÍA 3

HAZ LO QUE DIJO JESÚS

VERSÍCULO DE HOY: Juan 15:10 / DESAFÍO: Marcos 6:7-13

HACER ¿En qué piensas cuando escuchas la palabra "mandato"? ¿Te imaginas a una persona que da órdenes o instrucciones a alguien para que haga algo?

Escribe tres "mandatos" que debes obedecer en tu casa o en la escuela:

1.
2.
3.

¿Conoces algunos de los mandamientos que Jesus les dio a sus seguidores? Escribe algunos aquí:

Descubre algunos "mandatos" o mandamientos de Jesús resolviendo el crucigrama de la página 30.

✓ Jesús enseñó acerca de la fe, la confianza y la obediencia a Dios.

✓ Puedes estudiar la Biblia para aprender lo que Jesús dijo que sus seguidores debían hacer.

✓ ¡Jesús no solo quiere que aprendas lo que Él dijo, quiere que hagas lo que Él dijo!

ORAR Dale gracias a Dios por la Biblia que te ayuda a aprender los mandamientos de Jesús. Pídele que te ayude a hacer lo que Él dijo.

DÍA 4

SIGUE EL EJEMPLO DE JESÚS

VERSÍCULOS DE HOY: Juan 13:14-15 / DESAFÍO: Juan 13:1-20

HACER Une cada versículo bíblico con el ejemplo de cómo Jesús se relacionaba con Dios y con otras personas:

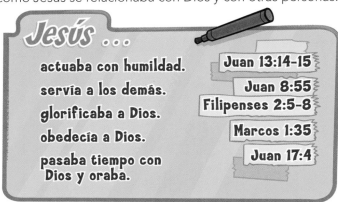

Jesús ...

actuaba con humildad.

servía a los demás.

glorificaba a Dios.

obedecía a Dios.

pasaba tiempo con Dios y oraba.

Juan 13:14-15
Juan 8:55
Filipenses 2:5-8
Marcos 1:35
Juan 17:4

Marca con una tilde cada acción de Jesús que tú puedes realizar esta semana para ser como Él.

✓ Jesús siguió el plan de Dios para su vida dejando el cielo y viniendo a la tierra.

✓ Jesús es nuestro ejemplo en cuanto a la forma de relacionarnos con Dios y de tratar a los demás.

✓ Puedes aprender los ejemplos de Jesús leyendo la Biblia.

ORAR Dale gracias a Dios por los ejemplos que Jesús te dio sobre cómo vivir de maneras que a Él le agraden. Pídele que te ayude a seguir el ejemplo de Jesús esta semana.

DÍA 5

HÁBLALES A LOS DEMÁS DE JESÚS

VERSÍCULOS DE HOY: Mateo 28:19-20
DESAFÍO: Juan 4:1-29,39-42

HACER ¿Recuerdas lo que Jesús les dijo a Simón Pedro y a Andrés cuando se encontró con ellos? (Puedes leer la historia nuevamente en Mateo 4:18-22).
Completa las palabras que faltan:
Jesús les dijo: "_____ y os haré _____". Eso significaba que ellos les iban a hablar a los demás de Jesús.

En los versículos de hoy (Mateo 28:19-20), la vida de Jesús en la tierra estaba llegando a su fin. Entonces, les ordenó a los discípulos: "Vayan y hagan _____".

¿De qué maneras les puedes contar a los demás acerca de Jesús?

SABER

✓ Todos los cristianos deben hablarles a los demás de Jesús.
✓ Puedes hablarles a los demás de Jesús contándoles lo que Jesús hizo por ti.
✓ El Espíritu Santo te ayudará a hablarles a los demás acerca de Jesús.

ORAR Pídele a Dios que te ayude a hablarle a alguien de Jesús esta semana.

DÍA 6

SÉ FUERTE

VERSÍCULO DE HOY: Salmo 31:24
DESAFÍO: Juan 15:18-27

HACER Imagínate esto: Un amigo te invitó a su casa el sábado a la noche, pero tus padres no te permiten ir porque tienes que ir a la iglesia el domingo a la mañana. Tu amigo se burla de ti porque vas a la iglesia y crees en Dios. ¿Qué le dirías?

Tu respuesta: Yo le diría...

¡SÉ FUERTE!
¡DEFIENDE LO QUE CREES!

→ Tienes que saber qué crees y por qué lo crees.
→ No discutas con las personas en cuanto a lo que crees.
→ Ora para que el Espíritu Santo te ayude a contarles a los demás lo que crees.
→ ¡Pon en práctica lo que crees!

SABER

✓ Algunas veces, las cosas serán más difíciles para ti porque sigues a Jesús.
✓ El Espíritu Santo te ayudará a ser fuerte para honrar a Dios con tu vida.
✓ Puedes vivir con gozo a pesar de las circunstancias.

ORAR Dale gracias a Dios porque siempre está contigo. Pídele que te ayude a ser fuerte y contarles a los demás lo que crees, aun cuando te resulte difícil.

LOS MANDAMIENTOS DE JESÚS

Fíjate algunos de los mandamientos de Jesús. Completa los espacios en blanco leyendo los versículos y luego usa las palabras que encuentras para completar el crucigrama..

HORIZONTALES

1. Amen a su _____ . (Mateo 22:39)

5. Amen a sus _____ . (Mateo 5:44)

9. _____ a Dios. (Mateo 11:15)

10. Pidan, _____ , golpeen a la puerta . (Mateo 7:7-8)

11. _____ . (Mateo 4:19)

VERTICALES

1. _____ a los demás. (Mateo 18:21-22)

2. No se _____ por su vida. (Mateo 6:25)

3. Busquen primero el _____ de Dios. (Mateo 6:33)

4. Hagan y bauticen _____ . (Mateo 28:19)

6. _____ a sus padres. (Mateo 15:4)

7. No _____ . (Mateo 7:1)

8. _____ al Señor. (Mateo 22:37)

CAJA DE PALABRAS

SÍGANME
ESCUCHEN
BUSQUEN
PERDONEN
DISCÍPULOS
HONREN
ENEMIGOS
JUZGUEN
AMEN
REINO
PRÓJIMO
PREOCUPEN

LOS DISCÍPULOS DE JESÚS

Ordena las letras de los siguientes recuadros para descubrir los nombres de los discípulos de Jesús. Escribe los nombres en los espacios en blanco. Si necesitas ayuda, lee los versículos que se indican en cada caso o fíjate en Mateo 10:2-4.

ANJU _____ era un pescador del Mar de Galilea junto con su padre, Zebedeo y su hermano Jacobo. Jesús lo llamó a ser su discípulo mientras él estaba arreglando (reparando) las redes (Mateo 4:21-22). Este discípulo ayudó a Pedro a preparar la comida de la Pascua (Lucas 22:8). Desde la cruz, Jesús le dijo que cuidara a su madre (Juan 19:26-27).

La Biblia no dice nada de ÓMISNE _____ , excepto su nombre.

DETAO _____ le preguntó a Jesús cómo iba a revelarse a sí mismo a los discípulos y no al mundo (Juan 14:22).

SÉANRD
_____ era pescador junto con su hermano Pedro en el Mar de Galilea. Jesús lo llamó a ser discípulo cuando él estaba pescando (Mateo 4:18-20). Este discípulo llevó a su hermano Pedro ante Jesús (Juan 1:40-42), y le habló a Jesús del niño que tenía algunos panes y peces (Juan 6:8-9).

BOJACO _____ era un pescador del Mar de Galilea junto con su padre, Zebedeo, y su hermano Juan. Jesús lo llamó a ser su discípulo mientras él estaba reparando las redes (Mateo 4:21-22). Este discípulo fue el primero que murió por su fe.

La Biblia no dice nada de BOJACO _____, excepto su nombre.

TOLOBARMÉ
_____ (también llamado Natanael) fue invitado por Felipe a ver a Jesús. Jesús dijo que era un "verdadero israelita" (Juan 1:45-51).

SUJAD TEISRIOCA _____ _____ era el que guardaba el dinero de los discípulos. Este discípulo traicionó a Jesús por 30 piezas de plata (Mateo 26:15). Luego lamentó mucho lo que había hecho y se ahorcó (Mateo 27:3-5).

Jesús llamó a OTEMA _____ a ser su discípulo mientras este era recaudador de impuestos en Capernaum. Este discípulo invitó a Jesús a una cena donde sus amigos podrían conocerlo (Mateo 9:9-13).

MÓNSI PODRE _____ _____ era un pescador junto con su hermano Andrés en el Mar de Galilea. Jesús lo llamó para que fuera su discípulo mientras él estaba pescando (Mateo 4:18-20). Jesús lo ayudó a caminar sobre el agua (Mateo 14:29). Este discípulo negó a Jesús antes de que Él fuera crucificado (Lucas 22:54-62) y luego fue perdonado por Jesús (Juan 21:15-19).

SÁMOT
_____ animó a los discípulos a ir con Jesús y morir con Él (Juan 11:16). Este discípulo quería ver evidencias o pruebas de que Jesús había resucitado de los muertos (Juan 20:25). Jesús le mostró sus manos y su costado para demostrarle que había resucitado (Juan 20:27).

Jesús llamó a LIPEFE _____ para que lo siguiera como discípulo (Juan 1:43). Este discípulo buscó a Bartolomé/Natanael y le habló de Jesús (Juan 1:43-45). También fue con Andrés para traer a algunos griegos a Jesús (Juan 12:20-22).

JESÚS: EL SERMÓN DEL MONTE

KLISTA STORTS

Jesús viajó por toda Galilea, predicando, enseñando y sanando. Debido a su obra, la gente se enteraba de Él y traía a sus enfermos para que los sanara. Muchos lo seguían de una ciudad a otra. En cierta ocasión, cuando Jesús vio las multitudes, subió a una colina y comenzó a enseñar. Aunque estaba hablándoles a sus discípulos, el resto de la gente también prestó atención. Lo que Jesús dijo ese día está escrito en Mateo 5–7. Estos versículos son conocidos como el Sermón del Monte. Con este sermón, Jesús deseaba ayudar a la gente a saber cómo vivir de maneras que agradaran a Dios.

Jesús usó ilustraciones, como la de ser sal y luz, para recordarles a las personas que cuando se hacen seguidoras de Él no deben guardarse esa buena noticia para ellas solas. Piensa en la sal. Un poco de sal que agregas a la comida puede cambiar totalmente el sabor. Pero si la sal se deja en un estante demasiado tiempo, o se la diluye en agua, pierde su capacidad de cambiar el sabor. Ahora, piensa en la luz. Aun una pequeña luz puede marcar una gran diferencia en un cuarto oscuro. Pero si la luz está escondida debajo de una canasta, no sirve para nada. Jesús dijo que sus seguidores deben ser como la sal y la luz; deben marcar una diferencia en las vidas de otras personas hablándoles de la buena noticia de Jesús.

Jesús también dio instrucciones sobre las relaciones entre las personas. Les recordó a sus discípulos que una forma de mostrar a los demás que lo aman a Él es amar a sus enemigos. ¡Un momento! ¿Leíste eso? Sí, leíste bien. Jesús dijo que sus seguidores deben amar a las personas que los tratan mal. Puede ser difícil hacer esto, pero Dios ayuda a sus seguidores a amar a los demás, aun a los que son difíciles.

En este sermón, Jesús dijo que no debemos preocuparnos por nada; ni por la ropa ni por la comida; ¡nada! Pero aunque Jesús sabe lo que las personas necesitan, quiere que oren. Hasta nos dio una oración modelo en su sermón. Esta oración nos ayuda a saber que podemos pedirle a Jesús cosas pequeñas, como el pan para comer, así como cosas grandes, como el perdón de nuestros pecados.

Esta semana, veremos en detalle el Sermón del Monte. A medida que trabajes en tu diario cada día, descubrirás que puedes usar lo que Jesús les dijo a sus discípulos hace muchos años para vivir una vida que honre a Dios, hoy.

DÍA 1 — BUENAS ACTITUDES

VERSÍCULOS DE HOY: Mateo 5:3-11
DESAFÍO: Filipenses 2:5-11

HACER Al comenzar el Sermón del Monte, Jesús dio las Bienaventuranzas. Escribe la letra de cada "actitud bienaventurada" junto a la bienaventuranza que le corresponde.

BIENAVENTURANZAS

___ 1. Pobres en espíritu.
___ 2. Lloran.
___ 3. Mansos.
___ 4. Hambre y sed de justicia.
___ 5. Misericordiosos.
___ 6. Limpios de corazón.
___ 7. Pacificadores.
___ 8. Perseguidos por la justicia.

ACTITUDES

A. Tratar de seguir a Dios, no al mundo.
B. Poner a los demás antes que a uno mismo.
C. Mantenerse firme aunque el mundo se burle de lo que creemos.
D. El deseo de ser todo lo que Dios quiere que yo sea.
E. Tener conciencia de mi pecado; no ser soberbio.
F. Perdonar como me han perdonado.
G. Triste o arrepentido del pecado.
H. No pelear; ayudar a los amigos a llevarse bien.

Elige una bienaventuranza y escribe maneras concretas de poner en práctica esa actitud esta semana:

_____

✓ Bienaventurados significa "felices".
✓ Poner en práctica las bienaventuranzas ayuda a que los demás vean que Jesús vive en ti.

ORAR Pídele a Dios que te ayude a tener una actitud como la de Jesús aun cuando las cosas se ponen difíciles.

DÍA 2 — PASA LA SAL Y ENCIENDE LA LUZ

VERSÍCULOS DE HOY: Mateo 5:13-16
DESAFÍO: Filipenses 2:12-15

HACER En el salero, escribe palabras que puedas decir para ser de aliento y mostrar el amor de Dios a alguien.

En la lamparilla, dibuja o relata una situación en que puedas mostrar que eres cristiano por medio de un acto de bondad.

✓ Algunas personas nunca oyeron hablar de Jesús. Quizá tú seas el único que puede hablarles de su amor y su perdón.
✓ Lo que tú dices y lo que tú haces puede ayudar a las personas a querer saber más acerca de Jesús… o no.
✓ Estudiar la Biblia y orar todos los días te ayudará a estar preparado para hablarles a los demás de Jesús.

ORAR Pídele a Dios que te ayude para que tus palabras sean agradables a Él y que tus actos reflejen lo que Él hizo por ti. Pídele que te ayude a tener el valor de hablarles a los demás de Él.

DÍA 3

¿TENGO QUE AMAR A *ESE*?

VERSÍCULO DE HOY: Mateo 5:44 / DESAFÍO: Mateo 5:38-48

HACER Aunque creas que no tienes ningún enemigo, ¿hay alguna persona que te haya herido de alguna forma?

A continuación verás dibujos de una escuela, una iglesia y una casa en un vecindario. Escribe en cada uno de ellos las iniciales de personas que quizá te han herido y a las que tienes que perdonar.

 SABER

✓ Jesús dijo que amemos a las personas que nos persiguen y nos tratan mal, y oremos por ellas.
✓ Jesús nos perdonó; por eso, debemos perdonar a los demás.

ORAR Tómate un tiempo para darle gracias a Dios por su amor y su perdón. Al orar, pídele que te ayude a perdonar a esas personas tal como Él te perdonó a ti.

DÍA 4

LA ORACIÓN MODELO

VERSÍCULOS DE HOY: Mateo 6:9-13 / DESAFÍO: Mateo 6:5-8

HACER Aprende las partes de la Oración Modelo. Relaciona cada símbolo de este cuadro con los símbolos de la siguiente columna, y luego colorea cada fila del color del símbolo correspondiente. Habrá un color que usarás dos veces.

⚒	• **Padre nuestro que estás en los cielos, santificado sea tu nombre.**
👍	• **Venga tu reino. Hágase tu voluntad, como en el cielo, así también en la tierra.**
🍞	• **El pan nuestro de cada día, dánoslo hoy.**
✝	• **Y perdónanos nuestras deudas, como también nosotros perdonamos a nuestros deudores.**
🛡	• **Y no nos metas en tentación, mas líbranos del mal;**
⚒	• **porque tuyo es el reino, y el poder, y la gloria, por todos los siglos. Amén.**

🛡 **Ayuda y protección**
 Dependencia
⚒ **Alabanza**
👍 **Obediencia**
✝ **Perdón**

SABER

✓ Dios sabe lo que necesitas, pero igual quiere que se lo digas.
✓ Al orar, te darás cuenta de las formas en que Dios te provee y te protege.

ORAR Usando el ejemplo de Jesús, dibuja o escribe tu propia oración a Dios.

DÍA 5

SIN PREOCUPACIONES

VERSÍCULO DE HOY: Mateo 6:25
DESAFÍO: Mateo 6:25-34

HACER Jesús dijo que las flores y los pájaros no se preocupan por lo que van a comer o vestir, porque Dios se ocupa de ellos. Él te ama mucho más que las flores o los pájaros, así que puedes estar seguro de que cuidará de ti. Escribe en los pétalos de la flor o las plumas del pájaro algunas cosas que te preocupan. A medida que Dios se ocupe de cada una de ellas, colorea los pétalos o las plumas hasta haber coloreado todo.

SABER

✓ Dios ama a los seres humanos más que cualquier cosa que haya creado. Él conoce tus necesidades.

✓ A veces, su respuesta a tu oración será "No". No siempre tendrás lo que quieres, pero siempre tendrás lo que necesitas.

ORAR Dale gracias a Dios por la forma en que Él provee para ti y te cuida aun antes que tú sepas lo que necesitas. Si te preocupa algo, pídele a Dios que te ayude, y confía en que Él te responderá de la mejor manera para ti.

DÍA 6

SÓLIDO COMO UNA ROCA

VERSÍCULO DE HOY: Mateo 7:24
DESAFÍO: Mateo 7:24-27

HACER Jesús dijo que debemos vivir basándonos en las palabras que Él habló. Encuentra las siguientes palabras en esta sopa de letras: *aves, bienaventurados, flores, perdonar, manso, feliz, luz, amor, misericordia, obediente, paz, alabanza, orar, limpio, justo, sal, confiar.*

```
C X M I S E R I C O R D I A P
O K Z X Ñ H A L A B A N Z A A
N P E R D O N A R E V K U Ñ Z
F Q J U S T O U X D Z X L Ñ I
I W X Ñ V L I Y I I A V E S L
A M O R Q W P Z X E C H X Ñ E
R Q W Ñ X Z M B U N K P N R F
M A N S O A I G L T Y Ñ S A E
W I O J T F L O R E S A L R Y
B I E N A V E N T U R A D O S
```

SABER

✓ Lo que dice la Biblia te ayuda a saber cómo vivir para Jesús.

✓ Puedes confiar en que Dios te ayuda y cuida de ti.

ORAR Dale gracias a Dios por la Biblia y los importantes mensajes que Él te da a través de ella. Pídele que te ayude a recordarlos mientras tratas de vivir de una forma que lo honre a Él.

LOS LIBROS DE LA BIBLIA

Mira los nombres de los libros de la Biblia. Completa los nombres de los que faltan.
Luego, numera las divisiones en el orden correcto, comenzando por la Ley.
Los 39 libros del Antiguo Testamento cuentan la historia del pueblo elegido de Dios, los israelitas. Los libros hablan del Mesías prometido, que es necesario para restaurar la relación de las personas con Dios.
Los 27 libros del Nuevo Testamento hablan de cómo Jesús, el Mesías, vino a cumplir lo que estaba escrito en el Antiguo Testamento y a darnos instrucciones para seguirlo.

Antiguo Testamento

Ley
Génesis · Éxodo · Levítico · Deuteronomio

Poesía
Job · Eclesiastés · Salmos · Cantares

Historia
Josué · Jueces · 1 y 2 Samuel · 1 y 2 Reyes · 1 y 2 Crónicas · Esdras · Ester

Profetas Mayores
Isaías · Jeremías · Lamentaciones · Ezequiel

Profetas Menores
Oseas · Joel · Amós · Abdías · Miqueas · Nahum · Habacuc · Sofonías · Zacarías · Malaquías

Nuevo Testamento

Historia

Hechos

Cartas de Pablo

Romanos

1 y 2 Corintios

Gálatas

Filipenses

Colosenses

1 y 2 Tesalonicenses

1 y 2 Timoteo

Filemón

Evangelios

Mateo

Lucas

Juan

Profecía

Apocalipsis

Cartas Universales

Hebreos

1 y 2 Pedro

1, 2 y 3 Juan

Judas

JESÚS: LAS PARÁBOLAS

TODD CAPPS

¿Te gusta escuchar una buena historia? ¿Qué cosas hacen que la historia sea interesante para ti? ¿La recuerdas suficientemente bien como para repetirla? ¿Qué aprendiste de esa historia?

Imagina que estás con Jesús. Una tarde, una multitud se reunió para escucharlo. Jesús comenzó: "Había una vez un agricultor que salió a sembrar semillas en su campo". Jesús contó que algunas semillas cayeron sobre terreno pedregoso, algunas cayeron entre espinos, otras fueron comidas por las aves y algunas más echaron raíces y crecieron. ¿Pensarías: "¡Vaya, Jesús es un gran contador de historias!", "¡Sabe mucho de agricultura!" y "¡Qué importante es sembrar las semillas correctamente!"? Aunque quizá pensarías eso, lo cierto es que Jesús tuvo otra razón para contar esa historia; por medio de ella comunicó una lección muy importante a quienes lo escuchaban.

Jesús usaba historias para ayudar a las personas a aprender acerca de Dios. Las historias que Jesús contó se llaman parábolas. Las parábolas son "historias que utilizan elementos comunes, cotidianos, para ilustrar lo que el narrador quiere comunicar". ¿Qué mensaje crees tú que Jesús quiso que la gente entendiera por medio de la parábola de las semillas? Lee Mateo 13:1-9, donde encontrarás la parábola entera.

Las parábolas son como mini-dramatizaciones que cuentan lo que sucede. Comunican una historia sencilla relacionada con el asunto del que se habla, pero también tienen un significado más profundo, ayudando así al que escucha a entender algo acerca de Dios. Por ejemplo: Jesús contó la parábola de las semillas para ilustrar que algunas personas rechazan el mensaje de Dios (las semillas que cayeron en terreno rocoso); algunas creen por un tiempo breve y luego permiten que otros cambien su entendimiento de Dios (las que crecen entre espinos); otras son impulsadas a creer cosas que no son ciertas (las semillas que comieron las aves); pero también están aquellas que creen y aumentan cada vez más su conocimiento de Dios (las semillas que echan raíces).

Además de contar parábolas, Jesús se ocupaba de explicar lo que querían decir. Muchas veces, esperaba hasta estar a solas con sus discípulos para explicar una parábola. Lo hacía para asegurarse de que los discípulos entendían lo que Él estaba enseñando. Jesús sabía que algunas personas que escuchaban sus parábolas no las entenderían porque no prestaban atención con la actitud correcta. Estas personas no permitían que Dios les hablara por medio de las parábolas. Ya habían decidido que no querían saber lo que Jesús enseñaba.

Al leer y estudiar algunas parábolas de Jesús, pídele a Dios que te ayude a comprender el significado que hay detrás de ellas y a aprender algo nuevo acerca de Él. Busca los significados principales de las parábolas.

Esta semana, estudiaremos seis parábolas que contó Jesús.

EL BUEN SAMARITANO

VERSÍCULOS DE HOY: Lucas 10:25-37 / DESAFÍO: Deuteronomio 6:5; Levítico 19:18

HACER Escribe el nombre de la persona de la historia (Lucas 10:25-37) a la que se refiere cada frase.

Preguntó cómo podría tener vida eterna.

Preguntó qué decía la ley.

Preguntó: "¿Quién es mi prójimo?".

Contó una parábola.

Le robaron y lo dejaron a un costado del camino.

Se negó a ayudar al hombre herido.

Ayudó al hombre herido.

Dijo: "Ve y haz tú lo mismo".

SABER

✓ Dios quiere que lo ames con cada parte de tu ser (corazón, alma, mente y cuerpo).

✓ Dios quiere que ames y cuides a todas las personas.

✓ Dios creó a cada persona única, a su imagen.

✓ Dios se preocupa por cada persona.

ORAR Pídele a Dios que te ayude a ser como el samaritano y ayudar a todas las personas, sea cual sea su nacionalidad, color de piel, idioma o cualquier otra característica.

EL HIJO PERDIDO

VERSÍCULOS DE HOY: Lucas 15:11-32 / DESAFÍO: Mateo 18:10-14

HACER Sigue el camino del hijo. Lee los versículos a medida que avanzas.

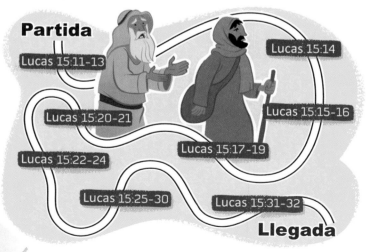

Partida

Lucas 15:11-13

Lucas 15:20-21

Lucas 15:22-24

Lucas 15:25-30

Lucas 15:14

Lucas 15:15-16

Lucas 15:17-19

Lucas 15:31-32

Llegada

SABER

✓ El padre representa a Dios.

✓ El hijo menor nos representa a nosotros.

✓ Muchas veces, tomamos decisiones que no le agradan a Dios.

✓ Dios siempre está esperando que decidamos obedecerle y regresar a Él.

✓ Dios sabe lo que es mejor para nosotros.

ORAR Pídele a Dios que te ayude a obedecerle todos los días. Pídele que te perdone cuando no lo escuchas y haces las cosas como a ti te parece. Dale gracias porque te perdona cuando le has desobedecido.

DÍA 3

LA OVEJA PERDIDA

VERSÍCULOS DE HOY: Mateo 18:12-14
DESAFÍO: Juan 10:7-18

HACER Cuenta las ovejas que hay en el dibujo. ¿Cuántas contaste? _____

¿Cómo te sentirías si tuvieras 100 ovejas y se te perdiera una? ¿Dejarías a las 99 para ir a buscar a la que se perdió?

✓ Muchas veces, la Biblia habla de las personas como ovejas.
✓ Las ovejas reconocen la voz de su pastor.
✓ Jesús se refirió a sí mismo como "el Buen Pastor" (Juan 10:7-18).
✓ Jesús dijo que un buen pastor es capaz de morir por sus ovejas (Juan 10:11).
✓ Jesús se preocupa por todas sus ovejas (nosotros). Él quiere que todos lo sigamos.

ORAR Dale gracias a Dios por Jesús, el Buen Pastor. Pídele que te ayude a conocer su voz y seguir todo lo que Él dice.

DÍA 4

LOS TALENTOS

VERSÍCULOS DE HOY: Mateo 25:14-30
DESAFÍO: Lucas 19:12-27

HACER Lee Mateo 25:14-30. Haz estas cuentas:

TALENTOS				
Dados	Ganados	Extra	=	Total
5 +	5 +	1	=	
2 +	2 +	0	=	
1 +	0 -	1	=	

¿Cómo respondió el amo a cada siervo?

Enumera los talentos y las capacidades que Dios te ha dado.

¿Cómo puedes usarlos para servir a Dios?

✓ La Biblia usa la palabra "talentos" para referirse al dinero.
✓ Nosotros usamos la palabra para referirnos a habilidades especiales que tenemos, como cantar, dibujar, actuar, danzar, etc.
✓ Dios te ha dado talentos y capacidades para servirle.
✓ Usar tus talentos y capacidades es una excelente forma de hablarles a las personas de Dios.

ORAR Dale gracias a Dios por los talentos y las capacidades que Él te ha dado. Pídele que te ayude a usarlos para servirle.

DÍA 5

LOS FUNDAMENTOS

VERSÍCULOS DE HOY: Lucas 6:46-49 / DESAFÍO: 1 Corintios 3:10-15

HACER Une los puntos de los dos dibujos.

FUNDAMENTO SÓLIDO

FUNDAMENTO DÉBIL

Basándote en Lucas 6:46-49, ¿cómo describirías a una persona que tiene un fundamento sólido? ¿Y con uno débil?

 SABER

✓ El fundamento provee sostén y fortaleza.
✓ El fundamento espiritual está compuesto por las cosas que tú crees que son ciertas.
✓ Construimos nuestro fundamento espiritual cuando oramos, leemos la Biblia, adoramos a Dios, le prestamos atención y lo obedecemos.

ORAR Pídele a Dios que te ayude a armar un fundamento espiritual firme para poder defender lo que crees.

DÍA 6

EL FARISEO Y EL RECAUDADOR DE IMPUESTOS

VERSÍCULOS DE HOY: Lucas 18:9-14 / DESAFÍO: Lucas 11:1-4

HACER Compara a estos dos hombres que estaban orando. Une con una línea cada frase con la persona a la que se refiere.

Orgulloso   Humilde   Dios, perdóname.   Doy el diezmo de todo.

Quiero que la gente me vea y me escuche.   Ayuno dos veces por semana.   Gracias porque no soy como los demás.

 SABER

✓ Dios sabe cuándo y cómo oras.
✓ Dios no quiere que te compares con los demás.
✓ Dos quiere que examines tu vida y confieses lo que has hecho.
✓ Dios quiere que pidas perdón.
✓ Dios no quiere que pienses que eres mejor que los demás.

ORAR Pídele a Dios que te dé la actitud correcta al orar.

DEMUESTRA TUS CONOCIMIENTOS BÍBLICOS

Lee cada pregunta. Usa la caja de palabras para obtener la respuesta.
¿Sigues necesitando ayuda? Busca las respuestas en tu Biblia y escríbelas en el crucigrama.

HORIZONTALES

3. ¿Quién es la segunda mujer que menciona la Biblia? (Génesis 4:19).

7. ¿Quién es la mujer de la que más se habla en la Biblia?

10. ¿Quién era el comandante del ejército de Salomón? (1 Reyes 4:4).

12. ¿Quién sepultó a Isaac? (Génesis 35:29).

14. ¿Quién se volvió leproso después de mentirle a Eliseo? (2 Reyes 5:25-27).

15. ¿A quién se le dijo que se cortara el cabello y arrojara la tercera parte al viento? (Ezequiel 1:3; 5:2).

16. ¿Quién construyó el primer templo en Jerusalén? (1 Reyes 6).

17. ¿Quién ayunó durante 40 días en el Monte Sinaí? (Éxodo 34:27-28).

18. Matusalén vivió hasta los 969 años. El segundo hombre más longevo vivió 962 años. ¿Quién fue? (Génesis 5:20).

19. ¿A qué líder militar romano bautizó Pedro? (Hechos 10:23-48).

VERTICALES

1. ¿Quién fue maestro de Pablo? (Hechos 22:3).

2. ¿A quién le dijo su esposa que maldijera a Dios y muriera? (Job 2:9).

4. ¿Quiénes fueron los esposos que murieron después de mentir sobre la cantidad de dinero que habían recibido por vender unas tierras? (Hechos 5:1-10).

5. ¿Quién fue el primer hombre que murió apedreado por creer en Jesús? (Hechos 7:59).

6. ¿Quién fue la primera esposa de David? (1 Samuel 18:27).

8. ¿Quién plantó el primer huerto? (Génesis 2:8).

9. ¿Qué hombre famoso comía langostas? (Mateo 3:4).

11. ¿Qué rey ayunó después que Daniel fue arrojado a los leones? (Daniel 6:6,18).

13. ¿Qué profeta del Nuevo Testamento dijo que una hambruna (hambre) llegaría a todo el mundo? (Hechos 11:28).

18. ¿A la hija de quién resucitó Jesús de los muertos? (Lucas 8:41-42,49-55).

CAJA DE PALABRAS

ADA
AGABO
ANANÍAS Y SAFIRA
BENAÍAS
CORNELIO
DARÍO
DIOS
ESAÚ Y JACOB
ESTEBAN
EZEQUIEL
GAMALIEL
GIEZI
JARED
JAIRO
JOB
JUAN EL BAUTISTA
MICAL
MOISÉS
SARA
SALOMÓN

JESÚS: LOS MILAGROS

TRACEY ROGERS

"¡Qué milagro!". "¡Solo un milagro podría ayudarnos ahora!". ¿Has oído comentarios como estos en algún evento deportivo, o cuando alguien que estaba enfermo se recuperó, o cuando alguien consiguió trabajo después de estar desempleado durante mucho tiempo?

¿Qué son los *milagros*? Son "acontecimientos inusuales que solo Dios puede producir". Solo Dios puede hacer milagros. A veces, los milagros son llamados "señales" o "prodigios" porque no podemos explicar lo que sucede.

Lee Mateo 4:23-24. Muchos milagros de Jesús consistían en sanar a personas. Jesús sanaba a personas que tenían enfermedades y dolencias. La gente veía y oía acerca del poder sanador de Jesús, así que traían a muchas otras personas que tenían diferentes problemas a Él para que las sanara. ¿Qué tipos de personas eran llevadas a Jesús? (v. 24).

¿Por qué Jesús hacía milagros? Algunas razones serían:

1. Para mostrarles a las personas que Él era el Hijo de Dios.
2. Para dar pruebas de sus enseñanzas y su predicación.
3. Para mostrar que amaba a las personas.
4. Para suplir las necesidades físicas de las personas.

Jesús sabía que se deben suplir las necesidades físicas de las personas antes de poder suplir las espirituales.

¿Qué necesidades físicas puedes mencionar?

_____

Agua, alimento, ropa y abrigo son las necesidades físicas básicas. Nuestro bienestar físico también es una necesidad. Jesús sanó a los que tenían enfermedades, dolencias, aflicciones y posesión demoníaca. ¿Por qué suplía primero esas necesidades? Porque solemos concentrarnos en nuestros problemas, enfermedades, dolencias, etc., antes de pensar en nuestras necesidades espirituales. Cuando se han satisfecho nuestras necesidades físicas, estamos dispuestos a escuchar el evangelio de Jesucristo. ¿Te concentras tú en los problemas, en lugar de concentrarte en Jesús?

Muchas de las personas que experimentaron personalmente un milagro alabaron a Jesús y contaron los milagros que habían recibido, pero otras no lo hicieron (mira Lucas 17:11-19). ¿Alabarías tú a Jesús si te ocurriera un milagro? ¿Conoces a alguien que recibió un milagro? ¿Agradeció a Dios por el milagro esa persona?

Durante los siguientes días, veremos diferentes clases de milagros que Jesús realizó. Él no solo sanó a diferentes personas; también alimentó a muchos y resucitó a muertos. Jesús también ayudó a otros a pescar, calmó tormentas, y aun hizo que uno caminara sobre el agua. Imagínate en cada una de esas historias. ¿Cómo reaccionarías en esos casos? ¿Con fe? ¿Con dudas? ¿Con asombro?

DÍA 1

SANIDAD

VERSÍCULO DE HOY: Mateo 17:18
DESAFÍO: Mateo 17:14-21

HACER Lee Mateo 17:18. Los discípulos no lograron sanar a este jovencito, así que su padre lo llevó ante Jesús. Jesús sanó al joven y explicó que para ser sano hay que tener fe.

Lee cada pasaje y escribe el número de la sanidad que corresponda a cada uno.

1. Mujer encorvada ____ Mateo 9:32-33

2. Hombre cojo ____ Marcos 7:24-30

3. Hombre endemoniado ____ Lucas 6:6-11

4. Hombre con la mano seca ____ Juan 5:5-9

5. Hija de una mujer ____ Lucas 13:10-13

SABER

✓ Puedes pedirle a Dios que ayude a otras personas.

✓ A veces, Dios decide sanar o realizar un milagro de alguna forma que no es la que nosotros desearíamos.

✓ Puedes confiar en que los planes de Dios son los mejores.

✓ La fe viene por la oración y el ayuno (ayunar es pasar un tiempo sin comer o beber).

ORAR Pídele a Dios que sane a las personas enfermas de tu iglesia, tu familia y tu vecindario.

DÍA 2

ALIMENTACIÓN

VERSÍCULO DE HOY: Juan 6:11
DESAFÍO: Juan 6:1-14

HACER Cinco mil hombres, más mujeres y niños, se habían reunido para ver a Jesús. Tenían hambre, así que Jesús decidió alimentarlos. Colorea los puntos y verás qué les dio de comer.

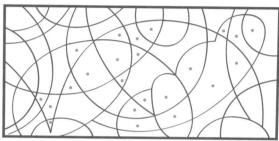

Jesús alimentó a esas personas con pescado y pan. Lee Juan 6:9.

? ¿Cuántos pescados tenía Jesús? ____

? ¿Cuántos panes tenía Jesús? _____

? Lee Juan 6:13. ¿Cuánta comida quedó?

_____

SABER

✓ Jesús suple las necesidades físicas de las personas. Tú puedes ayudar a suplir la necesidad de alimento de muchas personas donando dinero o alimentos a ministerios de la iglesia o refugios locales.

✓ Jesús dio gracias a Dios y confió en que Él iba a proveer. Cada vez que comes, tú puedes darle gracias a Dios por la comida que Él te da.

✓ Los milagros de Jesús ayudaban a las personas a saber que Él era el profeta prometido. Tú puedes tener la seguridad de quién es Jesús y que Él sigue haciendo milagros hoy.

ORAR Dale gracias a Dios por alimentarte física y espiritualmente.

DÍA 3

PESCA

VERSÍCULOS DE HOY: Lucas 5:5-6 / DESAFÍO: Lucas 5:1-11

HACER Trata de llegar al final de este laberinto lo más rápido posible.

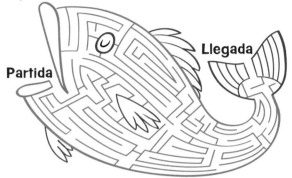

Partida

Llegada

Jesús le ordenó a Pedro que lanzara sus redes para atrapar algunos pescados. Aunque Pedro no había pescado nada durante toda la noche, obedeció a Jesús y arrojó las redes nuevamente. Lee Lucas 5:6. ¿Cómo puedes explicar lo que sucedió?

SABER

✓ En las primeras iglesias cristianas, la palabra griega que significa "pez" (*ichtus*) se convirtió en un símbolo de Jesús. Luego, el pez se convirtió en un símbolo cristiano.

✓ Jesús les dijo a los discípulos que lo siguieran, y Él los convertiría en "pescadores de hombres".

✓ Tú también puedes ser un "pescador de hombres" hoy, hablándoles a los demás de Jesús.

ORAR Ora para tener oportunidades de "pescar" para Jesús hablándoles a los demás de Él.

DÍA 4

CAMINAR

VERSÍCULOS DE HOY: Mateo 14:25,29 / DESAFÍO: Mateo 14:22-33

HACER Llena un tazón (bol) o una cacerola con agua y coloca estos objetos adentro: una moneda, una cuchara, una hoja, una piedra, un jabón, un crayón, una pajita. ¿Qué objetos flotaron? ¿Cuáles se hundieron?

¿Alguna vez trataste de caminar sobre el agua? Lee Mateo 14:25,29 y escribe los nombres de las personas que caminaron sobre el agua.

Busca las siguientes palabras en la sopa de palabras: *Pedro, Jesús, caminar, agua, barco, discípulos, miedo, hundirse.*

```
Q U C A M I N A R W
D I S C I P U L O S
Z X V J E S U S Ñ K
Q H X Y D I A G U A
B A R C O R D E P B
W X H U N D I R S E
```

SABER

✓ Jesús caminó sobre el agua, y también hizo que Pedro pudiera caminar sobre el mar.

✓ El milagro de caminar sobre el agua hizo que los que estaban en el barco adoraran a Jesús. Así supieron que Jesús es el Hijo de Dios.

ORAR Dale gracias a Jesús porque puede hacer cosas que nadie más puede hacer. Dale gracias por amar a las personas tanto como para hacer milagros.

DÍA 5 — RESUCITAR

VERSÍCULOS DE HOY: Juan 11:43-44
DESAFÍO: Juan 11:1-7,14-15,38-44

HACER Escribe las letras en el orden correcto para descubrir el nombre del amigo de Jesús que Él resucitó de los muertos.

Jesús resucitó a ___ ___ ___ ___ ___ ___ de los muertos.

Jesús resucitó a diferentes personas de los muertos, jóvenes y viejas. Jesús era muy amigo de Lázaro. La Biblia dice que Él amaba a Lázaro, así que ¿por qué esperó que Lázaro muriera para ayudarlo? Lee Juan 11:41-42.

- ✓ Jesús hizo milagros para que aquellos que los veían o los experimentaban supieran que Él había sido enviado por Dios para salvar a las personas.
- ✓ Jesús tenía el poder para devolverle la vida a Lázaro.

ORAR Dale gracias a Jesús por salvarte. Dale alabanzas porque sabes que, un día, vivirás con Él para siempre en el cielo.

DÍA 6 — CALMAR

VERSÍCULO DE HOY: Lucas 8:24
DESAFÍO: Lucas 8:22-25

HACER Usa este dibujo de un barco como guía para dibujar el mismo barco en la otra grilla.

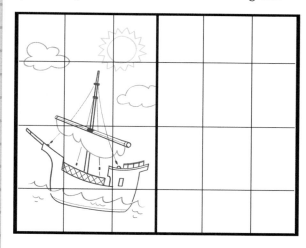

El clima en el Mar de Galilea es impredecible; cambia todo el tiempo. La vida también es así. Suceden cosas inesperadas, o cambian tus planes. ¿Cómo te sientes tú cuando las cosas no van como tú lo planeabas?

- ✓ Los discípulos acudieron a Jesús en busca de ayuda, y Jesús calmó el mar.
- ✓ Jesús está dispuesto a calmar tus temores y tu enojo.
- ✓ Puedes tener valor confiando en Dios cuando tienes miedo.
- ✓ Jesús tiene poder sobre la naturaleza.

ORAR Dale gracias a Dios por las "tormentas" (tiempos difíciles) porque puedes aprender y fortalecerte en tu andar con Él.

MILAGROS EN LOS EVANGELIOS

Los primeros cuatro libros del Nuevo Testamento (Mateo, Marcos, Lucas y Juan) son llamados "los cuatro Evangelios". Los Evangelios hablan de la vida de Jesús. Varios de los milagros que Jesús realizó se relatan en más de un Evangelio.

LA ALIMENTACIÓN DE LOS 5,000
- Mateo 14:15-21
- Marcos 6:35-44
- Lucas 9:12-17
- Juan 6:5-14

LOS DEMONIOS SON ENVIADOS A LOS CERDOS
- Mateo 8:28-34
- Marcos 5:1-20
- Lucas 8:26-39

JESÚS CALMA LA TORMENTA
- Mateo 8:23-27
- Marcos 4:35-41
- Lucas 8:22-25

JESÚS RESUCITA A LA HIJA DE JAIRO
- Mateo 9:18-19,23-26
- Marcos 5:22-24,35-43
- Lucas 8:41-42,49-56

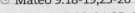

JESÚS SANA A UN PARALÍTICO
- Mateo 9:1-8
- Marcos 2:1-12
- Lucas 5:17-26

JESÚS SANA A UNA MUJER ENFERMA
- Mateo 9:20-22
- Marcos 5:25-34
- Lucas 8:43-48

JESÚS SANA A UN LEPROSO
- Mateo 8:1-4
- Marcos 1:40-45
- Lucas 5:12-15

JESÚS SANA A LA SUEGRA DE PEDRO

- Mateo 8:14-15
- Marcos 1:29-31
- Lucas 4:38-39

JESÚS SANA AL HOMBRE DE LA MANO SECA

- Mateo 12:9-13
- Marcos 3:1-5
- Lucas 6:6-10

JESÚS SANA AL NIÑO QUE TENÍA UN ESPÍRITU INMUNDO

- Mateo 17:14-18
- Marcos 9:14-27
- Lucas 9:37-42

JESÚS CAMINA SOBRE LAS AGUAS

- Mateo 14:22-33
- Marcos 6:45-52
- Juan 6:16-21

JESÚS LIBRA A UNA NIÑA DE UN DEMONIO

- Mateo 15:21-28
- Marcos 7:24-30

JESÚS DEVUELVE LA VISTA A LOS CIEGOS

- Mateo 20:29-34
- Marcos 10:46-52
- Lucas 18:35-43

JESÚS MALDICE LA HIGUERA

- Mateo 21:18-22
- Marcos 11:12-14,20-24

JESÚS SANA AL SIERVO DEL CENTURIÓN

- Mateo 8:5-13
- Lucas 7:1-10

JESÚS: LAS SANIDADES

TIM POLLARD

¿Estuviste enfermo alguna vez? ¿Has estado internado en un hospital alguna vez? ¿Conoces a alguien que haya estado enfermo o haya sido internado? ¿Qué haces cuando estás enfermo?

Aunque te hayas hecho cristiano, no por eso dejarás de enfermarte. La gente se enferma porque hay pecado en el mundo. Dios envió a Jesús a la tierra para perdonarles a las personas su problema de pecado, pero eso no significa que la enfermedad ya no toque sus vidas. En los tiempos bíblicos, había muchas personas que se enfermaban. La buena noticia es que Jesús fue a muchos lugares y sanó a muchos. Lee Mateo 9:35. Muchos otros versículos del Nuevo Testamento hablan de Jesús sanando a diferentes personas.

¿Por qué es importante que los cristianos sepamos que Jesús es quien nos sana? Podrías preguntarte por qué algunas personas son sanadas y otras no. Quizá Dios no sanó a un familiar tuyo como tú hubieras querido. Consuélate sabiendo que Dios sabe lo que sucede en tu vida y te ayudará, aun en casos de pérdidas.

Durante los próximos días vamos a ver seis milagros de sanidad que Jesús realizó. Si Jesús sanó a muchas personas cuando estaba en la tierra, y ahora está en el cielo con Dios, ¿significa esto que ya no hay más sanidades? ¡Claro que no! Dios sigue ocupándose de sanar, pero ahora no lo hace por medio de un toque de la mano física de Jesús. Estas son algunas cosas que puedes recordar acerca de la sanidad:

- La enfermedad es consecuencia del pecado. Debido al pecado original de Adán y Eva, su castigo fue la muerte (que un día iban a morir; Génesis 3:19). El castigo de la muerte también trajo consigo enfermedades y dolencias. Dios no creó la enfermedad, pero esta existe por causa del pecado.
- Dios no usa las enfermedades como castigos por el pecado. Dios no te castiga personalmente por tus pecados haciendo que te enfermes. Las personas se enferman por causa de sus pecados, pero no es un castigo por el pecado. Cuando te hiciste cristiano, la muerte de Jesús en la cruz pagó por tu pecado. Jesús ya fue castigado por tu pecado.
- Dios sana. Dios puede usar a los médicos y las enfermeras para producir sanidad, pero toda sanidad, en última instancia, proviene de Dios.
- En el cielo no hay enfermedad, ni dolor, ni muerte (Apocalipsis 21:4)!

LA SUEGRA DE PEDRO

VERSÍCULOS DE HOY: Mateo 8:14-15 / **DESAFÍO:** Marcos 1:29-31

HACER La suegra de Pedro estaba enferma; tenía fiebre. (Pedro era uno de los discípulos). Jesús tocó la mano de esta mujer y ella se sanó.

Recuerda la última vez que tuviste fiebre. Dibuja o escribe las cosas que harías si te hubieras quedado en casa en lugar de ir a la escuela porque estás enfermo.

¿Recordaste orar la última vez que estuviste enfermo?

SABER

✓ Dios se interesa por cosas como la fiebre y quiere sanar a las personas que están enfermas.

✓ Dios quiere que ores por sanidad cuando tú u otra persona están enfermos.

ORAR Dale gracias a Dios porque se ocupa de cosas como fiebres y dolores de garganta. Pídele que te ayude a no olvidarte de orar cuando estás bien y cuando estás enfermo.

UN CIEGO

VERSÍCULOS DE HOY: Juan 9:1-12 / **DESAFÍO:** Juan 9:13-34

HACER Coloca un lápiz en el punto de Partida, cierra los ojos y recorre el laberinto. Cuando creas que has alcanzado la Llegada, abre los ojos. ¿Cómo te fue?

Partida / Llegada

→ Ahora, mantén los ojos abiertos y recorre el camino para salir del laberinto. ¿Fue más fácil o más difícil hacerlo con los ojos abiertos?

→ ¡Imagina cómo se habrá sentido el ciego cuando finalmente pudo ver!

SABER

✓ Jesús dijo que el hombre no estaba ciego por algún pecado suyo o de sus padres.

✓ Jesús extendió barro sobre los ojos del hombre y le dijo que fuera a lavarse a un estanque cercano.

✓ El hombre, ya sano, les contó a otras personas lo que Jesús había hecho por él.

✓ Tú puedes contarles a otros lo que Jesús hace por ti.

ORAR Dale gracias a Dios por sanar a los enfermos. Pídele que ayude a las personas que tienen problemas visuales o que no pueden ver.

DÍA 3 — EL HOMBRE QUE NO PODÍA HABLAR

VERSÍCULOS DE HOY: Marcos 7:31-37
DESAFÍO: Mateo 9:32-33

HACER Jesús sanó a un hombre que no podía hablar. Descubre cómo se les dice a las personas que no pueden hablar. El código consiste en escribir la letra que está antes o después (en el abecedario) que las que ves escritas aquí abajo.

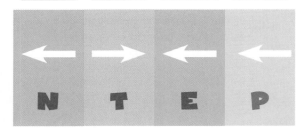

N T E P

¿Cuánto tiempo fue lo máximo que pasaste sin hablar? ¿Cómo sería tu vida si no pudieras hablar?

Algunas veces, las personas no hablan porque tienen miedo. ¿Qué puedes hacer para hacerte amigo de personas que quizá tengan miedo de hablar?

SABER

✓ Después de poner sus dedos en los oídos del hombre y escupir, Jesús tocó la lengua del hombre y este pudo oír y hablar.
✓ Jesús puede sanar a las personas hoy.

ORAR Dale gracias a Dios porque aun hoy, sana a las personas. Pregúntale cómo puedes ayudar a personas que no pueden oír o hablar.

DÍA 4 — EL HOMBRE QUE NO PODÍA CAMINAR

VERSÍCULOS DE HOY: Marcos 2:1-12
DESAFÍO: Marcos 2:15-17

HACER Estos versículos no dicen cómo se sentía el hombre cuando pudo levantarse y caminar. ¿Cómo te parece que se habrá sentido?

→ En el Cuadro 1, dibújate a ti mismo practicando tu deporte favorito.
→ Piensa lo siguiente: ¿Cómo afectaría tu participación en tu deporte favorito el hecho de que no pudieras usar las piernas?
→ En el Cuadro 2, dibújate practicando tu deporte favorito sin usar las piernas.

CUADRO 1	CUADRO 2

SABER

✓ Jesús perdonó los pecados del hombre (sanidad espiritual) antes de hacer que pudiera caminar (sanidad física). Sanar el pecado es lo que más le importa a Dios.
✓ El hecho de que sus pecados sean perdonados no significa que una persona sea sanada físicamente.

ORAR Pídele a Dios que revele los pecados que hay en tu vida. Pídele que perdone los pecados que has cometido. Dale gracias por perdonarte.

DÍA 5

DIEZ HOMBRES CON UNA ENFERMEDAD EN LA PIEL

VERSÍCULOS DE HOY: Lucas 17:11-19 / **DESAFÍO:** Marcos 1:40-45

HACER Busca los siguientes objetos en tu casa. Tócalos y describe su textura. ¿Son duros, blandos, rugosos o lisos?

Canasta Es...

Cubierta Es...

Alfombrilla Es...

Silla Es...

→ ¿Qué textura te agradó más?

→ Ahora, toca tu piel. ¿Qué textura de las que tocaste es más semejante a la de tu piel?

→ ¿Cómo crees que se sintieron los hombres cuando desapareció la enfermedad que tenían en la piel (Lucas 17:11-19)?

SABER

✓ Jesús iba camino a Jerusalén cuando le salieron al encuentro diez hombres que tenían una grave enfermedad de la piel.

✓ Jesús sanó a los diez hombres mientras ellos iban a ver a los sacerdotes.

✓ Uno de ellos regresó y le dio gracias a Jesús; los otros nueve siguieron su camino.

✓ Dios quiere que demos gracias en todas las situaciones de nuestras vidas.

ORAR Dale gracias a Dios por lo que ha hecho por ti. Ora por las personas que conoces y que tienen necesidades físicas y espirituales.

DÍA 6

LA HIJA DE JAIRO

VERSÍCULOS DE HOY: Lucas 8:40-42,49-56 / **DESAFÍO:** Juan 11:1-43

HACER Busca las siguientes palabras en la sopa de letras: *Jairo, Jesús, sanar, salva, pecado.*

¿Qué tiene que ver cada una de estas palabras con la historia que lees en Lucas 8?

Sanar: _____

Jairo: _____

Jesús: _____

Salva: _____

Pecado: _____

```
B X J E S U S M
V Z Ñ Z S P J E
P S A N A R A T
O W Q Y L Ñ I Z
J H U V V Q R A
N P E C A D O L
```

SABER

✓ La hija de un líder de la iglesia, Jairo, estaba muy enferma. Jairo le pidió a Jesús que sanara a su hija.

✓ Pronto, Jesús y Jairo recibieron la noticia de que la hija de este último había muerto.

✓ Jesús fue a la casa y resucitó a la niña.

✓ Jesús salva a las personas del pecado y sana.

✓ Jesús tiene poder para resucitar a las personas de los muertos.

ORAR Dale gracias a Dios porque Él es quien salva del pecado y da sanidad a las personas.

YO PUEDO ORAR

Cuando oras, hablas con Dios y lo escuchas. Puedes hablar con Dios en cualquier lugar y cualquier momento. No tienes que usar palabras especiales, ni siquiera cerrar los ojos. Puedes hablar con Él en voz alta o en silencio, para tus adentros. Dios quiere que hables con Él con frecuencia.

La mano te puede ayudar a recordar las cosas que puedes compartir con Dios en oración:

1 = alabar.

Alaba a Dios por quien Él es y lo que ha hecho por ti.

2 = arrepentirte.

Cuando te arrepientes, le dices a Dios lo que hiciste mal y cambias de desobedecer a obedecerle.

 = pedir.

Dios quiere que le pidas las cosas que necesitan los demás.

En la página siguiente, haz una lista de oración con las cosas que puedes incluir en tus oraciones en cada categoría.

4 = tú.

Dios también quiere que ores por ti mismo.

Mira la mano dibujada en esta página y mira tu propia mano. Trata de recordar qué representa cada parte de la mano. (Si tus padres te dan permiso, podrías escribir los números en los dedos como ayuda para recordarlo).)

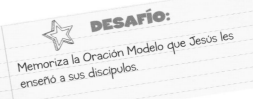

DESAFÍO:

Memoriza la Oración Modelo que Jesús les enseñó a sus discípulos.

ALERTA PARA PADRES

Esta es otra página que puedes mostrarles a tus padres. Después que memorices los cuatro tipos de oraciones, usa tu mano para explicárselo a tus padres. Anímalos a hacer una lista de cosas que ellos pueden incluir en sus oraciones, y ora con ellos usando la lista como guía.

LISTA DE ORACIÓN

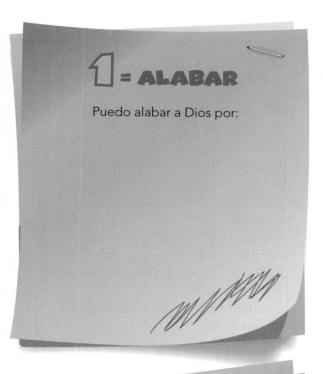

1 = ALABAR

Puedo alabar a Dios por:

2 = ARREPENTIRTE

Debo pedirle perdón a Dios por:

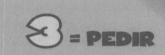

3 = PEDIR

Puedo pedirle a Dios estas cosas que necesitan otras personas:

4 = TÚ

Puedo pedirle a Dios estas cosas que yo necesito:

JESÚS: VIDAS CAMBIADAS

TODD CAPPS

Si escribieras los nombres de todas las personas que has conocido en tu vida, ¿cuántas serían? ¿Cuántas de estas personas realmente han marcado una diferencia en tu vida? ¿Qué cosa de estas personas cambió tu vida?

Durante el tiempo que vivió en la tierra, Jesús conoció a muchas personas. La Biblia no dice exactamente cuántas, pero dice que multitudes iban a escucharlo enseñar. Sabemos que una vez alimentó a más de 5,000 personas con lo que un niñito había llevado para almorzar (Juan 6.1-15). ¿Crees que las vidas de estas personas cambiaron como consecuencia de este hecho?

Mientras Jesús iba de ciudad en ciudad enseñando acerca de Dios, las personas eran atraídas hacia Él. Muchos querían que Él los tocara y los sanara. Algunos iban por motivos egoístas: querían que Él los sanara, que bendijera a sus hijos, o querían alguna otra cosa de Él. Otros eran atraídos por lo que Jesús enseñaba acerca de Dios.

Esta semana, aprenderás cómo Jesús cambió las vidas de algunas personas, como Simeón, Ana, Pedro, Pablo, Zaqueo y otros. En los versículos del Desafío descubrirás aun más personas que cambiaron porque pasaron tiempo con Jesús. Al leer acerca de ellas, busca las razones por las que siguieron a Jesús. ¿Qué hizo Jesús por ellas? ¿Cómo cambiaron sus vidas por causa de Jesús?

Piensa en tu propia vida. ¿Cómo la ha cambiado Jesús? Escribe las respuestas a estas preguntas:

- ¿Cómo era mi vida antes que yo me hiciera cristiano?
- ¿Cómo supe qué hacer para ser cristiano?
- ¿Cuándo le pedí a Jesús que fuera mi Salvador y Señor?
- ¿En qué cambió mi vida desde que me hice cristiano?
- ¿Estoy viviendo de manera que agrade y honre a Dios?
- ¿A quién le estoy hablando acerca de mi relación con Dios?

Jesús sigue cambiando las vidas de las personas hoy. Cuando alguien le pide a Él que sea su Salvador y Señor, Jesús le cambia la vida a esa persona. Cuando la persona se entrega a seguir los planes de Dios para su vida, Jesús la cambia. Cuando alguien decide honrar a Dios por medio de sus actos, actitudes y palabras, Jesús lo cambia. ¿Qué cosas tiene que cambiar Jesús de tu vida?

DÍA 1

SIMEÓN Y ANA

VERSÍCULOS DE HOY: Lucas 2:21-40
DESAFÍO: Mateo 2:1-12

HACER Busca una foto de ti cuando eras bebé.

ALERTA PARA PADRES
Pregúntales a tus padres:

¿Quién fue la primera persona que me tuvo en brazos cuando nací?

¿Cuánto tiempo tenía cuando fui a la iglesia por primera vez?

¿Qué decía la gente de mí cuando yo era un bebé?

SABER

✓ Simeón dedicó su vida a seguir a Dios.
✓ Dios le había prometido a Simeón que no moriría sin antes ver al Mesías, Jesús.
✓ Simeón les dijo a María y José los planes que Dios tenía para Jesús.
✓ Ana vivía en el templo, alabando y adorando a Dios.
✓ Ana tenía 84 años cuando vio al niño Jesús.
✓ Nunca somos demasiado pequeños ni demasiado viejos como para que Dios nos cambie la vida.

ORAR Dale gracias a Dios por enviar a Jesús. Pídele que te ayude a saber cómo está obrando hoy.

DÍA 2

NICODEMO

VERSÍCULOS DE HOY: Juan 3:1-21
DESAFÍO: Juan 7:50-51; 19:38-42

HACER Si pudieras pasar 30 minutos conversando con Jesús, ¿qué le preguntarías?

¿Cómo respondería Él a tus preguntas?

SABER

✓ Aunque Nicodemo era uno de los líderes religiosos, no entendía quién es Jesús ni cómo una persona puede relacionarse con Él.
✓ Nicodemo fue a ver a Jesús de noche para que los demás líderes religiosos no se enteraran de su visita.
✓ Juan 3.16 presenta todo el evangelio en un solo versículo.
✓ La palabra *rabí* significa "maestro".
✓ Nicodemo reconoció a Jesús como alguien enviado por Dios.
✓ Nicodemo ayudó a sepultar el cuerpo de Jesús (Juan 19:38-42).

ORAR Dale gracias a Dios porque ama a todas las personas y quiere relacionarse con ellas. Pídele que te ayude a marcar una diferencia en las vidas de las personas hablándoles de cómo pueden relacionarse con Jesús.

DÍA 3

PEDRO

VERSÍCULOS DE HOY: Mateo 4:18-22; 14:22-33 / DESAFÍO: Hechos 10:1-48

HACER Prueba este experimento: Coloca un objeto en el suelo, en un lado de la sala. Párate del otro lado de la sala, frente al objeto. (El piso debe estar limpio entre tú y el objeto). Mantén tus ojos fijos en tus pies y camina en línea recta hacia él.

? ¿Cómo te fue? ¿Pudiste caminar derecho?

Regresa al punto de partida y camina hacia el objeto, pero esta vez, mantén los ojos fijos en el objeto.

? ¿Cómo te fue esta vez? Caminar en línea recta es mucho más fácil cuando mantienes los ojos fijos en el objeto, ¿verdad?

SABER

✓ Pedro era pescador, como su hermano Andrés.
✓ Pedro estaba casado y vivía en Capernaum (Marcos 1:21-31).

✓ Pedro hacía preguntas que ninguno de los demás discípulos le haría a Jesús.
✓ Fe es "creencia" o "confianza".
✓ Cuando Pedro mantuvo sus ojos en Jesús, tuvo mucha fe.
✓ Jesús le dijo a Pedro que él iba a ser el comienzo de la iglesia.
✓ Herodes quería matar a Pedro.
✓ La gente de la iglesia oró por Pedro, y Dios lo liberó de la cárcel.

ORAR Pídele a Dios que te dé la clase de fe que tenía Pedro: fe para caminar sobre el agua, fe para hacer cosas que nadie más podía hacer, fe para estar dispuesto a morir por lo que crees.

DÍA 4

ZAQUEO

VERSÍCULOS DE HOY: Lucas 19:1-10 / DESAFÍO: Marcos 2:13-17

HACER Haz un dibujo de cada miembro de tu familia. Mide a cada uno y escribe debajo de cada dibujo la altura de esa persona.

? ¿Quién es el más alto en tu familia? _____
? ¿Quién es el más bajo en tu familia? _____

SABER

✓ Zaqueo era jefe de los recaudadores de impuestos. Siempre cobraba de más y se guardaba el dinero extra.
✓ El nombre Zaqueo, en hebreo, significa "inocente".

✓ Zaqueo era bajo de estatura. No podía ver por encima de otras personas.
✓ Un sicómoro es un árbol que es mezcla de higuera con mora.
✓ A la gente no le agradó mucho que Jesús fuera a la casa de Zaqueo.
✓ Zaqueo devolvió el dinero a quienes había estafado.
✓ Jesús dijo que Él vino a buscar y salvar a las personas que no tenían una relación con Dios.
✓ Nadie es demasiado alto ni demasiado bajo como para que Dios cambie su vida.

ORAR Dale gracias a Dios por tu salud física. Pídele que te ayude a vivir de manera que lo honre a Él.

DÍA 5 — LA MUJER JUNTO AL POZO

VERSÍCULOS DE HOY: Juan 4:1-26,39-42
DESAFÍO: Juan 13:1-17

HACER Une los puntos.

SABER

✓ Jesús era judío.
✓ La mujer era samaritana.
✓ Los judíos y los samaritanos no se llevaban bien entre sí.
✓ Las mujeres generalmente iban al pozo temprano por la mañana, antes que hiciera mucho calor.
✓ Esta mujer fue al pozo a mediodía.
✓ Jesús le habló a la mujer, quebrando otra costumbre, ya que los hombres no les hablaban a las mujeres en público.
✓ Jesús le dijo a la mujer cosas que nadie sabía acerca de ella.
✓ La mujer reconoció a Jesús como el Mesías y le habló a la gente de su aldea de Él.

ORAR Piensa en todas las cosas que Dios sabe de ti. Habla con Dios y pídele que cambie tu vida como cambió la vida de esta mujer.

DÍA 6 — PABLO

VERSÍCULOS DE HOY: Hechos 9:1-19
DESAFÍO: Hechos 16:16-40

HACER Ordena las letras para descubrir todos los libros que escribió Pablo. Junto a cada libro, escribe el número de la página en que comienza en tu Biblia.

OTIT _____ (página __)

SALO1NITESESCEN_____ (página __)

TIOS1RINCO _____ (página __)

LATASGÁ _____ (página __)

SESSA2TELONICEN _____ (página __)

MÓNLEFI _____ (página __)

MO2TEOTI _____ (página __)

SENLOCOSES _____ (página __)

TIOS2RINCO _____ (página __)

FIPENLISES _____ (página __)

MOTITEO1 _____ (página __)

FESIOSE _____ (página __)

MARONOS_____ (página __)

SABER

→ Saulo estuvo presente cuando Esteban fue apedreado (Hechos 7:57-58).
→ Saulo iba para Damasco a arrestar a los seguidores de Jesús.
→ Una gran luz del cielo cegó a Saulo.
→ Saulo es el mismo hombre que Pablo.
→ Pablo comenzó a enseñarle a la gente acerca de Jesús.
→ Pablo escribió 13 libros del Nuevo Testamento.
→ Pablo fue uno de los primeros misioneros.
→ Pablo fue arrestado por enseñarles a las personas acerca de Jesús.

ORAR Pídele a Dios que te dé valor para ser como Pablo y hablarles a las personas de Jesús dondequiera que vayas.

EL 1-2-3 PARA LLEGAR A SER CRISTIANO

Hacerse cristiano es la decisión más importante que alguien puede tomar.
Usa la información de esta página para hablarle a otra persona de Jesús.

¿QUÉ DICE LA BIBLIA ACERCA DE LLEGAR A SER CRISTIANO?

✓ Dios te ama (Juan 3:16).
✓ Pecar es elegir tu propio camino en lugar del de Dios. El pecado separa a las personas de Dios (Romanos 3:23).
✓ Dios envió a Jesús para que no tengamos que morir por nuestros pecados. Jesús murió en la cruz, fue sepultado y Dios lo resucitó de los muertos (Romanos 5:8).

CÓMO LLEGAR A SER CRISTIANO

1

ADMITE ante Dios que eres un pecador (Romanos 3:23). Arrepiéntete y apártate de tu pecado (Hechos 3:19; 1 Juan 1:9).

2

CREE que Jesús es el Hijo de Dios y acepta el perdón de pecado que Dios te regala (Hechos 16:31; Hechos 4:12; Juan 14:6; Efesios 2:8-9).

3

CONFIESA tu fe en Jesucristo como Salvador y Señor (Romanos 10:9-10,13).

El Espíritu Santo ayuda a las personas a saber cuándo es el momento de hacerse cristianas. Si no es el momento para que tu amigo se haga cristiano, no lo fuerces. Dios lo ayudará a saber cuando sea el momento.
Si tu amigo quiere ser cristiano, ayúdalo a orar así:

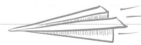

QUERIDO DIOS:

Sé que he pecado y mi pecado mi separa de ti. Me arrepiento de mi pecado. Creo que Jesús murió en la cruz por mí para que mis pecados puedan ser perdonados. Creo que Jesús resucitó de los muertos y vive. Dios, por favor, perdóname. Le pido a Jesús que entre en mi vida y sea mi Salvador y Señor. Te obedeceré y viviré para ti durante el resto de mi vida. Gracias. En el nombre de Jesús. Amén.

MI TESTIMONIO

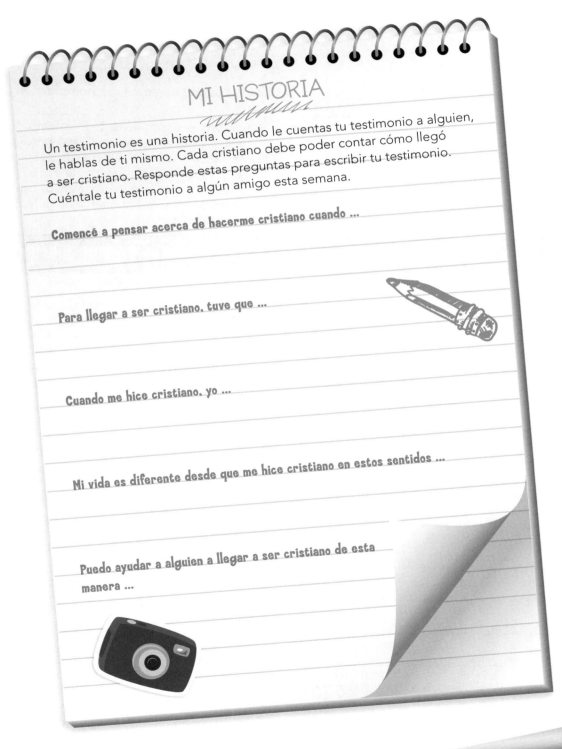

MI HISTORIA

Un testimonio es una historia. Cuando le cuentas tu testimonio a alguien, le hablas de ti mismo. Cada cristiano debe poder contar cómo llegó a ser cristiano. Responde estas preguntas para escribir tu testimonio. Cuéntale tu testimonio a algún amigo esta semana.

Comencé a pensar acerca de hacerme cristiano cuando ...

Para llegar a ser cristiano, tuve que ...

Cuando me hice cristiano, yo ...

Mi vida es diferente desde que me hice cristiano en estos sentidos ...

Puedo ayudar a alguien a llegar a ser cristiano de esta manera ...

JESÚS: SUS NOMBRES

TRACEY ROGERS

¿Qué significa tu nombre? _____ ¿Por qué tus padres eligieron ese nombre para ti?

_____

Se nos da un nombre cuando nacemos, pero a medida que crecemos, nos ponen apodos. A veces somos llamados por nombres que hablan de nosotros: sabio, alto, bajo, rápido, bueno en matemáticas, portero, etc. ¿Tienes algún apodo? ¿Quién te lo puso?

El nombre *Jesús* proviene de la palabra hebrea *Joshua*, que significa "Yavé salva", o "la salvación viene de Yavé". Dios les dijo a María y a José qué nombre debían ponerle a su bebé. Dios también le dio muchos otros nombres a Jesús. Aquí te damos una lista de algunos de ellos.

NOMBRE	SIGNIFICADO	PASAJE BÍBLICO
Emanuel	Dios con nosotros	Mateo 1:23
Hijo de David	Que trae el reino	Mateo 9:27
Cristo/Mesías	Ungido de Dios	Mateo 16:16
Hijo del Hombre	Título divino de sufrimiento y exaltación	Mateo 20:28
Verbo	Revela a Dios	Juan 1:1
Cordero de Dios	Sacrifica su vida por el pecado	Juan 1:29
Salvador	Libera de pecado	Juan 4:42
Buen Pastor	Guía y protege	Juan 10:11
Hijo de Dios	Relación única de Jesús con Dios	Juan 20:31
Señor	Soberano Creador y Redentor	Romanos 10:9
Rey de reyes y Señor de señores	Soberano todopoderoso	Apocalipsis 19:16
Alfa y Omega	Principio y fin de todas las cosas	Apocalipsis 21:6

El nombre *Jesús* se usa más de 900 veces en el Nuevo Testamento, pero ¿sabías que todos los libros de la Biblia apuntan a Jesús?

Cada día de esta semana descubrirás algo más sobre los nombres de Jesús que se encuentran en diferentes libros de la Biblia.

EL LIBRO DE MATEO

VERSÍCULO DE HOY: Mateo 1:23 / DESAFÍO: Isaías 7:14

HACER Tacha todas las letras que correspondan a números impares. Escribe las letras que quedan en orden en los espacios siguientes para descubrir uno de los nombres de Jesús.

2 E	7 Z	9 H	8 M
14 A	15 T	21 I	11 S
13 S	35 B	4 N	42 U
19 W	36 E	17 K	29 L
3 R	13 U	24 L	47 N

___ ___ ___ ___ ___ ___ ___
2   8   14   4   42   36   24

Cuando te sientas solo o aburrido, recuerda que nunca estás solo. Puedes hablar con Jesús o leer acerca de Él en la Biblia en cualquier momento.

SABER
✓ *Emanuel* significa "Dios con nosotros".
✓ Busca los siguientes nombres de Jesús en Mateo:
✓ Rey de los judíos (Mateo 2:2; 27:37)
✓ Nazareno (Mateo 2:23).
✓ Profeta (Mateo 21:11).
✓ Hijo de Dios (Mateo 26:63-65).
✓ Hijo de David e Hijo de Abraham (Mateo 1:1)

ORAR Concéntrate en el nombre *Emanuel* (Dios con nosotros) al orar. Da gracias a Dios por enviar a Jesús.

EL LIBRO DE MARCOS

VERSÍCULO DE HOY: Marcos 14:61 / DESAFÍO: 1 Juan 5:1

HACER En los casilleros horizontales, escribe el nombre de cada dibujo. Lee las letras de la primera hilera y descubrirás otro nombre de Jesús.

M

E

 ☐ ☐ **R** ☐ **I** ☐ ☐ **T** ☐

 ☐ ☐ ☐ **A** ☐

A

 ☐ ☐ ☐ ☐ **P** ☐ **E** ☐ **E**

SABER
✓ *Mesías* significa "ungido" y también se traduce como "Cristo".
✓ Fíjate en estos otros nombres que se le dan a Jesús en el libro de Marcos.
→ El Santo de Dios (Marcos 1:24).
→ Señor (Marcos 1:3).
→ Pastor (Marcos 14:27).
→ Hijo del Hombre (Marcos 2:28).
→ Maestro (Marcos 5:35)

ORAR Alaba a Jesús por ser el Mesías. Pídele que te ayude a hablarles a las personas de Él.

DÍA 3

EL LIBRO DE LUCAS

VERSÍCULO DE HOY: Lucas 2:11
DESAFÍO: Romanos 10:9-10

HACER Pon en orden las letras que se encuentran a continuación para descubrir el nombre de Jesús que aprenderás hoy.

SABER

✓ *Salvador* significa "el que salva".
✓ En la época del Antiguo Testamento, Dios es llamado Salvador.
✓ Dios envió a su Hijo, Jesús, para que nos salvara del pecado que nos separa de Dios.
✓ Por medio de Jesús, podemos tener una relación con Dios, podemos orar y hablar con Él.
✓ Fíjate en estos nombres por los que se llama a Jesús en el libro de Lucas:
  → Escogido de Dios (Lucas 23:35)
  → Hijo de Dios (Lucas 1:35)
  → Hijo del Altísimo (Lucas 1:32).
  → Hijo de David (Lucas 18:39).
  → Salvador (Lucas 1:69)

ORAR Alaba a Dios por enviar a Jesús como nuestro Salvador.

DÍA 4

EL LIBRO DE JUAN

VERSÍCULO DE HOY: Juan 3:2
DESAFÍO: Colosenses 3:16

HACER Escribe lo opuesto de cada palabra. Luego, escribe las letras numeradas en los lugares que corresponden.

Adelante	___ ___ ___ ___ ___	
	2 4	
Frío	___ ___ ___ ___ ___ ___ ___	
	3 5	
Temprano	___ ___ ___ ___ ___ ___	
	6	
Enemigo	___ ___ ___ ___ ___ ___ ___	
	1 7	

___ ___ ___ ___ ___ ___ ___
1   2   3   4   5   6   7

? ¿Quién es tu maestro favorito? ¿Por qué?

Escribe algunas cosas que Jesús enseñó:

SABER

✓ Jesús les enseñó a sus seguidores a hacer lo que es bueno y correcto.
✓ Tú puedes enseñar a hacer el bien a quienes te observan.
✓ Fíjate en estos nombres por los que se llama a Jesús en el libro de Juan.
  → Pan de vida (Juan 6:48)
  → Cordero de Dios (Juan 1:29)
  → Luz del mundo (Juan 8:12)
  → Verbo (Juan 1:1)
  → Camino, verdad y vida (Juan 14:6)
  → Rabí (Maestro) (Juan 1:38)

ORAR Pídele a Dios que te ayude a tomar decisiones correctas en lo que haces y lo que dices.

DÍA 5

EL LIBRO DE APOCALIPSIS

VERSÍCULO DE HOY: Apocalipsis 1:17 / DESAFÍO: 1 Corintios 15:45-49

 HACER Completa el cuadro con el primero y el último de cada categoría:

CATEGORÍA	PRIMERO	ÚLTIMO
Letras del abecedario		
Tus nombres		
Lugares donde viviste		
Meses del año		
Días de la semana		
Libros de la Biblia		
Palabras del libro de Apocalipsis		

SABER

✓ Jesús es llamado "el Primero y el Último" porque estuvo presente desde el comienzo del tiempo (Génesis 1.26) y estará con nosotros siempre.

✓ Jesús debe ser también la primera y la última persona a la que acudas en busca de respuestas a tus problemas o las decisiones que debes tomar.

✓ Fíjate en los nombres por los que se llama a Jesús en el libro de Apocalipsis:
→ Alfa y Omega, Principio y Fin (Apocalipsis 1:8; 22:13).
→ Fiel y Verdadero (Apocalipsis 19:11).
→ León de la tribu de Judá (Apocalipsis 5:5).
→ Amén (Apocalipsis 3:14).
→ Lucero brillante de la mañana (Apocalipsis 22:16)

ORAR Pídele a Dios que te ayude a recordar que debes buscar su guía al principio y al final cuando tienes decisiones para tomar.

DÍA 6

LA IMPORTANCIA DE UN NOMBRE

VERSÍCULO DE HOY: Ezequiel 36:23 / DESAFÍO: Salmo 145:2

HACER Escribe tu nombre con letras grandes o muy adornadas.

Escribe 10 cosas acerca de ti que tus amigos podrían notar.

1
2
3
4
5

6
7
8
9
10

? ¿No sabes qué escribir? Pídele ayuda a mamá, a papá o a tu hermano.

? ¿Qué piensa la gente cuando escucha tu nombre? ¿Piensan *cristiano, ama a Jesús, es un buen amigo* o *se preocupa por los demás y los ayuda*?

SABER

✓ Tu nombre te identifica.

✓ Tu nombre puede producir temor, alegría o enojo a otras personas. La forma en que tú hablas y te comportas se asocia con tu nombre.

✓ Isaías 9:6 enumera varios nombres por los que Jesús sería llamado un día. Aun hoy, Jesús es conocido por esos nombres. Esos nombres dan paz, amor y consuelo a las personas.

 ORAR Ora para que tu nombre produzca pensamientos alegres y les recuerde a Jesús a los demás.

DATOS ACERCA DE JESÚS

Fíjate en estos interesantes datos acerca de Jesús.

El padre del tatarabuelo de Jesús fue Eliud (Mateo 1:15).

Cuando Jesús murió, hubo santos (seguidores de Jesús) que resucitaron de los muertos y caminaron por Jerusalén (Mateo 27:51-53).

Jesús fue atendido por ángeles después de ser tentado por Satanás (Mateo 4:11).

Jesús fue arrestado en un huerto de olivos (Juan 18:1-3,12).

Jesús vivió en Egipto durante un tiempo porque Herodes quería matarlo (Mateo 2:13).

Jesús compareció ante Herodes, el gobernante que hizo decapitar a Juan el Bautista (Lucas 9:7-9; 23:7).

Jesús le entregó a su madre a su discípulo Juan como hijo (Juan 19:25-27).

Jesús vive en el cielo a la diestra de Dios (Marcos 16:19).

El nombre *Jesús* significa "Jehová salva".

Jesús sanó a un ciego escupiendo en la tierra y haciendo barro para poner sobre sus ojos (Juan 9:6).

El versículo más breve de la Biblia es Juan 11:35. Escríbelo aquí:

Jesús tenía probablemente 33 años cuando fue crucificado.

Jesús no fue creado. Siempre existió (Miqueas 5:2).

Jesús tuvo varios hermanos y hermanas (Mateo 12:46-47; 13:55-56).

Aunque celebramos el cumpleaños de Jesús el 25 de diciembre, en realidad, no sabemos en qué día nació.

El nombre *Jesús* aparece en la Biblia más de 900 veces.

Jesús es el mismo hoy, ayer y siempre (Hebreos 13:8).

Jesús era carpintero (Marcos 6:3).

Cuando Jesús tenía 12 años, pasó unos días en Jerusalén sin sus padres (Lucas 2:41-50).

Jesús es el Creador de todas las cosas (Colosenses 1:16-17).

Juan el Bautista era pariente de Jesús.

Jesús probablemente tenía unos 30 años cuando fue bautizado por Juan el Bautista.

Jesús es 100% Dios y 100% humano.

¿Cuántos de estos datos conocías ya?

¿Cuántos eran nuevos para ti?

JESÚS: SU ENTRADA TRIUNFAL Y LA CENA DEL SEÑOR

BILL EMEOTT

El domingo anterior al viernes en que fue crucificado, Jesús entró en Jerusalén. Antes, envió a dos discípulos para que prepararan su entrada a la ciudad. Jesús les dijo dónde podrían encontrar un asna con su hijito. Esto era el cumplimiento de una profecía del Antiguo Testamento que se encuentra en Zacarías 9.9. Los discípulos llevaron el asna y el burrito a Jesús como Él les había indicado. Extendieron mantos sobre los animales, y Jesús se sentó sobre el burrito y comenzó a cabalgar hacia la ciudad.

Una gran multitud iba a ver a Jesús por sus enseñanzas y los milagros que hacía. Algunas personas extendieron sus mantos sobre el camino como reconocimiento de que Jesús era Rey. Otros cortaban ramas y las extendían sobre el camino como acto de reconocimiento.

Los seguidores comenzaron a gritar: "¡Hosanna!" y "¡Bendito el que viene en el nombre del Señor!", indicando que creían que Jesús era el Mesías Salvador. Ellos pensaban que Jesús (el Mesías) se iba a sentar en un trono terrenal; no imaginaban que, en cambio, Él iba a morir en una cruz.

Dado que los líderes religiosos estaban muy molestos con lo que estaba sucediendo, comenzaron a hacer planes para que Jesús muriera. Esa misma semana, los judíos celebraban la Pascua, un tiempo para recordar y celebrar lo que Jesús había hecho por los israelitas cuando los liberó de la esclavitud en Egipto. Jesús y sus discípulos eran judíos y participaban de esa celebración.

El jueves por la noche, los discípulos se reunieron para compartir la comida tradicional de la Pascua. Jesús les indicó a dos de ellos que prepararan la comida en un cuarto en el primer piso de una determinada casa en Jerusalén. Jesús sabía que pronto no estaría más con los discípulos, y que Él sería arrestado, enjuiciado y muerto. Solemos llamar "la Última Cena" o "la Cena del Señor" a esta comida, porque fue la última que Jesús comió antes de morir.

En ese momento, los discípulos no entendieron todo los que Jesús dijo. Les contó que el pan les iba a recordar su cuerpo, que iba a ser entregado. La copa simbolizaba su sangre, que iba a ser derramada en la cruz. Jesús les dijo que volvieran a compartir esta comida tan especial para recordar lo que Él estaba por hacer por todas las personas. En la actualidad, las iglesias eligen diferentes formas de observar esta comida especial. Algunas la llaman "Cena del Señor" y otras la llaman "Comunión". Lo importante es que observemos esta comida y recordemos lo que Jesús hizo por nosotros.

Al concentrarte en la entrada triunfal y la Última Cena de Jesús esta semana, busca nuevas cosas que Dios quiere enseñarte.

DÍA 1

JESÚS ELIGIÓ

VERSÍCULOS DE HOY: Mateo 21:1-5
DESAFÍO: Efesios 5:2

HACER Marca con una tilde las cosas que a veces eliges hacer:

☐ A veces, elijo arrojar basura al suelo.
_____

☐ A veces, elijo no decir la verdad.
_____

☐ A veces, elijo tratar mal a un amigo.
_____

☐ A veces, elijo desobedecer a mis padres.
_____

☐ A veces, elijo decir palabras que no son buenas.
_____

En cada línea, escribe lo que Dios quiere que hagas en ese caso.

SABER

✓ Aunque era difícil, Jesús eligió libremente cumplir el plan de Dios que lo llevaría a Jerusalén, donde iba a ser muerto.
✓ Debes elegir hacer lo que Dios te dice que hagas, aunque sea difícil.
✓ Puedes saber que Dios te ayudará a tomar las decisiones correctas.

ORAR Dale gracias a Jesús por elegir seguir el plan de Dios y pagar el castigo por tus pecados. Pídele a Dios que te ayude a elegir aquello que le agrada a Él.

DÍA 2

MANTOS Y PALMAS

VERSÍCULOS DE HOY: Mateo 21:6-8
DESAFÍO: Proverbios 3:9

HACER Escribe algunas de tus cosas favoritas:

MIS COSAS FAVORITAS	HONRAR A JESÚS

? ¿Cómo puedes usar estas cosas para honrar a Jesús?

SABER

✓ Cuando Jesús entró en Jerusalén, el pueblo lo honró poniendo mantos y hojas de palma sobre el camino.
✓ Las palmas eran consideradas muy valiosas. De ellas se obtenía comida (dátiles, cocos, leche de coco), fibra (para hacer canastas, esterillas y utensilios de cocina), medicinas y aun, perfumes finos.
✓ Extender hojas de palma y otras ramas sobre el camino de Jesús significaba que la gente honraba a Jesús con algo de gran valor.
✓ Así como esa gente honró a Jesús con objetos muy valiosos, tú puedes honrarlo con tus cosas también.

ORAR Pídele a Dios que te ayude a honrarlo con tus actos y con las cosas que te han dado.

DÍA 3

"¡HOSANNA AL REY!

VERSÍCULOS DE HOY: Mateo 21:9-11 / DESAFÍO: Salmo 100:1

HACER Escribe dentro de las letras del nombre de Jesús palabras y frases que lo honren:

JESÚS

 SABER

✓ La Biblia enseña que debemos confesar que Jesús es Salvador y Señor.

✓ *Hosanna* significa "salva ahora".

✓ Los judíos gritaron "Hosanna" y proclamaron que Jesús "viene en el nombre del Señor". Algunos creían que Jesús era el Mesías, pero la mayoría de ellos no entendía lo que realmente significaba eso.

✓ Como cristiano, tú puedes saber que Jesús realmente es Salvador y Señor.

ORAR Dale gracias a Dios por enviar a Jesús para salvarnos de nuestros pecados.

DÍA 4

LA PRIMERA CENA DEL SEÑOR

VERSÍCULOS DE HOY: Mateo 26:17-20 / DESAFÍO: Salmo 69:30

HACER Completa las siguientes frases:

Mi comida favorita es ...

Mi fiesta favorita es ...

Mi tradición familiar favorita es ...

Mi historia bíblica favorita es ...

Mi recuerdo favorito es ...

 SABER

✓ La Pascua es una tradición de la fe judía. La celebración incluye una comida para recordar cómo Dios libró a los judíos de la esclavitud en Egipto.

✓ Jesús y sus discípulos estaban celebrando la cena de la Pascua cuando Jesús les indicó que recordaran lo que Él pronto iba a hacer para librar a las personas de sus pecados.

✓ Algunas personas llaman a esta comida "la Última Cena", pero los cristianos saben que también fue "la Primera Cena del Señor".

✓ Puedes recordar que Jesús murió en la cruz por tus pecados cuando participas de la Cena del Señor con tu iglesia.

ORAR Dale gracias a Dios por dar a Jesús para salvarte de tus pecados.

DÍA 5

EL CUERPO Y LA SANGRE

VERSÍCULOS DE HOY: Mateo 26:26-29
DESAFÍO: 1 Crónicas 16:34

HACER Dibuja cómo crees que habrá sido la Cena del Señor.

 SABER

✓ El pan sin levadura y el vino son parte de la comida tradicional de la Pascua.

✓ El pan sin levadura les recordaba a los judíos que habían salido tan rápido de Egipto que no tuvieron tiempo de agregar levadura a la masa.

✓ El vino les recordaba a los judíos los sacrificios de animales que eran necesarios para el perdón de los pecados de las personas.

✓ Jesús tomó estas comidas simbólicas de la Pascua y les dio un nuevo significado simbólico.

✓ Solo los que son cristianos deben participar de la Cena del Señor.

✓ Cuando participas de la Cena del Señor, debes recordar el cuerpo de Jesús que fue entregado, y su sangre que fue derramada en la cruz por tus pecados.

ORAR Dale gracias a Jesús por su cuerpo y por derramar su sangre por tus pecados.

DÍA 6

¡NO OLVIDES CANTAR!

VERSÍCULO DE HOY: Mateo 26:30
DESAFÍO: Salmo 147:1

HACER Escribe tus canciones de alabanza favoritas que cantas en la iglesia:

Puedes organizar un grupito en tu familia o con tus amigos para cantar estas canciones de alabanza para otros familiares, amigos o alguien que necesite aliento.

 SABER

✓ Después de la cena, los discípulos cantaron, salieron del salón y fueron al huerto con Jesús.

✓ Cantar suele ser el reflejo de una actitud de gratitud y felicidad.

✓ Los cristianos debemos estar felices y agradecidos al recordar lo que Jesús hizo por nosotros en la cruz.

✓ Nuestros actos también deben ser muestras de gratitud.

ORAR Canta una canción de alabanza a Jesús como una oración de gratitud y amor por lo que Él hizo por ti.

¡HOSANNA!

¿Has visto los carteles que algunas personas levantan en alto en algún evento deportivo para alentar a su equipo? Algo así fue lo que hicieron las personas que agitaban hojas de palma y gritaban "¡Hosanna!" mientras Jesús entraba en Jerusalén. Esas personas estaban alabando y adorando a Jesús.

Diseña un cartel que podrías usar para alabar y adorar a Jesús.

DESCIFRA EL CÓDIGO

Usa este código para decodificar las palabras que encontrarás en esta página..

Las

___ ___ ___ ___ ___ ___ ___ ___ ___ ___
2   5   17 18 1 14 1 13 14 6

son mandatos o reglas que . . .

fueron iniciados por Jesús.
fueron enseñados por los discípulos.
eran practicados por la iglesia primitiva.
pero no son requisitos para ser salvos…

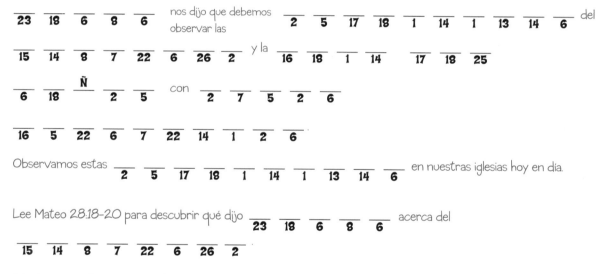

___ ___ ___ ___ ___ nos dijo que debemos ___ ___ ___ ___ ___ ___ ___ ___ ___ ___ del
23 18 6 8 6   observar las   2 5 17 18 1 14 1 13 14 6

___ ___ ___ ___ ___ ___ ___ ___ y la ___ ___ ___ ___   ___ ___ ___
15 14 8 7 22 6 26 2   16 18 1 14   17 18 25

___ ___ Ñ ___ ___ con ___ ___ ___ ___ ___
6 18   2 5   2 7 5 2 6

___ ___ ___ ___ ___ ___ ___ ___ ___
16 5 22 6 7 22 14 1 2 6

Observamos estas ___ ___ ___ ___ ___ ___ ___ ___ ___ ___ en nuestras iglesias hoy en día.
                2 5 17 18 1 14 1 13 14 6

Lee Mateo 28:18-20 para descubrir qué dijo ___ ___ ___ ___ ___ acerca del
                                      23 18 6 8 6

___ ___ ___ ___ ___ ___ ___ ___
15 14 8 7 22 6 26 2

ESCRIBE EL PASAJE AQUÍ:

Lee Lucas 22:19 para descubrir lo que ___ ___ ___ ___ ___ dijo sobre la
                                23 18 6 8 6

___ ___ ___ ___   ___ ___ ___   ___ ___ Ñ   ___ ___
16 18 1 14   17 18 25   6 18   2 5

ESCRIBE EL VERSÍCULO AQUÍ:

JESÚS: SUS AMIGOS Y SUS ENEMIGOS

WILLIAM SUMMEY

La semana pasada leíste acerca del viaje de Jesús a Jerusalén. Muchas personas vieron y adoraron a Jesús, pero muchas otras no estuvieron felices de ver a la multitud alabando al Señor. Muchos líderes de Jerusalén estaban tan molestos que querían matar a Jesús. Uno de los discípulos, Judas Iscariote, traicionó a Jesús con un beso, mostrándoles así a los guardias quién era Jesús para que pudieran arrestarlo. Estas son algunas de las razones por las que estas personas querían hacerle daño a Jesús:

- Los líderes estaban celosos. Veían cómo la gente amaba a Jesús. Los líderes querían que todos hablaran bien solo de ellos.
- Los líderes estaban enojados. No les agradaba que Jesús les dijera que estaban equivocados.
- Los líderes tenían miedo de que la gente dejara de escucharlos. No les agradaba que hubieran empezado a prestarle más atención a Jesús que a ellos.
- Los líderes no querían escuchar a Dios. Jesús les dijo que habían pecado; pero en lugar de volverse a Dios, fueron obstinados. Se negaron a creer las palabras y los actos de Jesús, y lo que los profetas habían dicho de Él.
- Judas amaba al dinero más que a Jesús. Uno de los Diez Mandamientos dice que no debemos hacernos ídolos. Un ídolo no es solo una pequeña estatua; es cualquier cosa que pongamos en lugar de Dios o en lo que pensemos más que en Dios. Judas le dio más importancia al dinero que a seguir a Jesús.

Muchas personas amaban a Jesús y estaban dispuestas a hacer cualquier cosa por Él. La Biblia dice que una mujer honró a Jesús de una forma muy especial, como si se hubiera dado cuenta de que Él iba a morir pronto. Esta mujer derramó un aceite especial, muy caro, sobre Jesús. Jesús se complació mucho de que ella lo honrara de esa forma y le dijo que siempre sería recordada por su acto de amor (Mateo 26:7-13).

¿De qué formas puedes tú honrar a Jesús hoy? No lo tienes físicamente contigo, como los discípulos, pero puedes mostrarle que lo amas, de todos modos. Prueba con esto:

- Ora y dale gracias a Jesús por amarte y preparar el camino para que puedas pasar la eternidad con Él en el cielo.
- Lee la Biblia. ¡Dios tiene mucho que enseñarte a través de ella!
- Da y sirve. Dios quiere que ayudes a los demás. Puedes dar tu dinero, tu tiempo y ayudar a personas que están en problemas.
- Cuéntales a otras personas de Jesús. Cuéntales a tus amigos, compañeros de escuela, vecinos y a todos los que conozcas (aun a aquellos que consideras tus enemigos) acerca de Él.
- Perdona a los que te han hecho mal. Esto es muy difícil de hacer, pero es lo que hizo Jesús. Cuando perdonas, les muestras a los demás el amor de Dios.

¿Se te ocurren otras formas de mostrarle a Jesús que lo amas?

EL PLAN EN CONTRA DE JESÚS

VERSÍCULOS DE HOY: Mateo 26:3-4 / DESAFÍO: Mateo 26:1-5

HACER ¿Alguna vez te acusaron de hacer algo que no habías hecho? ¿Qué fue? ¿Cómo te sentiste?

Une los puntos rojos y encontrarás un mensaje escondido.

Jesús no pecó; Jesús es …

√ Jesús fue acusado de cosas que no eran ciertas (Mateo 26:59).

√ Jesús estuvo dispuesto a perdonar a los que querían hacerle daño (Lucas 23:34).

√ Jesús nunca pecó (Hebreos 4:15).

ORAR Pídele a Dios que te ayude a vivir como Jesús. Dale gracias por perdonarte cuando fallas.

DA LO MEJOR DE TI

VERSÍCULOS DE HOY: Mateo 26:6-7 / DESAFÍO: Mateo 26:6-11

HACER Encierra en un círculo todas las cosas que puedes darle a Dios o hacer por Él.

? ¿Qué otras cosas puedes darle a Dios? Incluye no solo cosas que puedes dar, sino cosas que puedes hacer también.

? ¿Por qué darle a Dios lo mejor de ti es lo correcto?

SABER

√ Dios dice que quiere lo mejor para nosotros (Jeremías 29:11).

√ La mujer de la historia de hoy le dio a Jesús un regalo muy caro (Juan 12:3-5).

√ Podemos darle otras cosas a Dios, además del dinero (Juan 14:15).

√ Podemos darle a Dios nuestro amor, nuestros talentos y nuestro tiempo (Colosenses 3:17).

√ Todo lo que tenemos pertenece a Dios (Salmo 24:1).

ORAR Pídele a Dios que te ayude a darle siempre lo mejor y solo lo mejor de ti.

DÍA 3

MUESTRA Y CUENTA

VERSÍCULO DE HOY: Mateo 26:13
DESAFÍO: Mateo 26:12-16

HACER Mira esta ilustración de lo que Carlita trajo a "Muestra y cuenta" en la escuela. Inventa una historia descabellada sobre lo que Carlita dijo y cuéntasela a un amigo.

Representa las siguientes palabras en mímica (sin hablar) ante tu familia. Fíjate si pueden adivinar la palabra en cada caso. Lee los versículos del desafío para saber cómo algunas de estas palabras son usadas en la Biblia.

IGLESIA
ACEITE
AMOR
AMIGO
DAR
DINERO
SEPULTURA

SABER

✓ Hacer cosas buenas es una forma de mostrarles a los demás que amas a Jesús (Santiago 1:22).
✓ Amar a los demás es una forma de mostrarles que amas a Jesús (Juan 13:35).
✓ Cuando le cuentas a alguien cómo te hiciste cristiano, le estás hablando de Jesús (1 Corintios 15:3-8).

ORAR Pídele a Dios que te ayude a mostrarles a otras personas que lo amas por medio de las cosas que haces y dices.

DÍA 4

OBEDECE A DIOS

VERSÍCULOS DE HOY: Mateo 26:18-19
DESAFÍO: Mateo 26:17-25

HACER Escribe los nombres de personas a las cuales es importante que obedezcas.

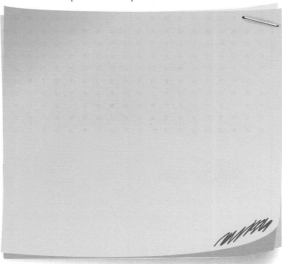

? ¿Mencionaste a maestros, médicos, padres, policías, bomberos, entrenadores?
? ¿Por qué es importante obedecer a las personas que pusiste en tu lista?

SABER

✓ Dios quiere que le obedezcamos (1 Juan 5:3).
✓ Dios dice que, si lo amamos, le obedeceremos (Juan 14:15).
✓ Dios se complace cuando obedecemos (Colosenses 3:20).
✓ Dios nos corrige cuando no obedecemos (Proverbios 3:12).
✓ Dios siempre está dispuesto a perdonarnos cuando se lo pedimos (1 Juan 1:9).

ORAR Pídele a Dios que te ayude a obedecerle a Él y a las personas importantes de tu vida.

DÍA 5

ORA PARA PEDIR AYUDA

VERSÍCULO DE HOY: Mateo 26:36 / DESAFÍO: Mateo 26:36-46

HACER Dibuja a alguien que necesita ayuda.

? ¿Qué podrías hacer tú para ayudar a esa persona?

? ¿Cómo podrías ayudarla orando?

 SABER

✓ Dios nos escucha cuando oramos (1 Juan 5:14).
✓ Dios quiere que le pidamos ayuda (Santiago 1:5).
✓ Dios siempre responde las oraciones (Salmo 17:6).
✓ Dios, algunas veces, nos dice "No" a lo que pedimos (2 Corintios 12:8-9).
✓ Dios promete ayudarnos (Isaías 41:10).

ORAR Dale gracias a Dios porque Él te ayuda cuando lo necesitas. Pídele que te muestre cómo puedes ayudar a las personas necesitadas.

DÍA 6

CUANDO OTRAS PERSONAS NOS LASTIMAN

VERSÍCULOS DE HOY: Mateo 26:50,69-70 / DESAFÍO: Mateo 26:47-56,69-75

HACER ¿Cómo te sientes cuando un amigo te hace daño? Toca con tu dedo el cuadrado que refleje cómo te sientes.

ENOJADO	HERIDO
TEMEROSO	TRISTE

? ¿Cómo crees que se sintió Jesús cuando Judas lo lastimó al traicionarlo? Toca con tu dedo el cuadrado que refleje cómo crees que se sintió.

? ¿Cómo crees que se sintió Jesús cuando Pedro lo lastimó al negar que lo conocía? Toca con tu dedo el

cuadrado que refleje cómo crees que se sintió.

 SABER

✓ Dios promete que nunca nos dejará ni nos abandonará (Deuteronomio 31:6).
✓ Las personas nos decepcionan y nos lastiman, a veces, pero Dios no (Deuteronomio 31:8).
✓ Podemos elegir perdonar a las personas que nos lastiman (Marcos 11:25).

ORAR Pídele a Dios que te ayude a amar a quienes te lastiman.

UNE A LA PERSONA CON LA ACCIÓN

Lee cada pista de Mateo 26. Cuando sepas a qué persona se refiere la pista, toca su nombre. Para que sea más divertido, pide que alguien te lea las claves para ver cuán rápido puedes descubrir a quién se refiere cada una.

Aceptó 30 piezas de plata de quienes querían hacerle daño a Jesús.

Dijo: "En cualquier lugar que se cuente el evangelio, lo que hizo esta mujer será recordado".

Trató de proteger a Jesús con una espada.

Trajo un frasco de perfume muy caro.

Pedro

Judas

Le dijo a Pedro: "Esta noche, antes que cante el gallo, me negarás tres veces".

Dijo: "¡Yo nunca huiré!".

Mujer

Jesús

Derramó aceite sobre Jesús.

Traicionó a Jesús con un beso.

Estuvo dispuesto a sufrir porque nos amaba profundamente a ti y a mí.

⭐ PISTAS PARA LOS DESAFÍOS ⭐
(Estas pistas tienen más de una respuesta).

Era un discípulo de Jesús.

Visitó la casa de Simón.

Comieron juntos en la primera Cena del Señor

PROFUNDICEMOS

¿Por qué la mujer de Mateo 26 derramó aceite sobre Jesús?

Lee los siguientes datos para descubrir algunas razones.

Ungir "derramar o frotar aceite para separar, sanar o preparar para la sepultura".

Jesús es el Rey de reyes. El aceite era utilizado comúnmente para ungir a los reyes. Dios envió a Samuel a ungir a David como rey en *1 Samuel 16:1*. En la entrada triunfal de Jesús, la gente lo saludó como a un rey. La mujer de Mateo 26 ungió a Jesús como un rey.

El ángel le dijo a María antes que Jesús naciera cuánto iba a durar el reino de Jesús. Lee Lucas 1:33 para descubrirlo y escribe la respuesta a continuación:

El reino de Jesús durará _____.

Jesús es el Mesías, el Cristo, (*Mateo 16:16*) que también significa "Ungido". Esto significa, literalmente, que Jesús fue apartado para una tarea especial. ¿Cuál era esa tarea? Lee Juan 3:16 para descubrirlo.

¿Para qué envió Dios a Jesús? _____

Jesús sabía que iba a morir un poco después de esa misma semana. Por eso dijo que esta mujer estaba preparando su cuerpo para la sepultura. Lee Mateo 26:13 para descubrir cuán importante era esto para Jesús.

En todo lugar donde se hable del evangelio, lo que hizo esta mujer será _____.

Lee Juan 12:1-11 para descubrir el nombre de esta mujer que ungió a Jesús con aceite y el precio de ese aceite. Escribe las respuestas aquí.:

La mujer se llamaba _____.

El aceite costaba _____.

Ora y pídele a Dios que puedas honrarlo esta semana.

Fíjate al final de la página 74 y encontrarás algunas ideas para hacerlo.

JESÚS: EL JUICIO

GORDON BROWN

"¡No es justo!". ¿Alguna vez dijiste esas palabras, quizá, cuando alguien se adelanta en una fila o hace trampa en un juego? A veces, hay cosas que no son justas. Por ejemplo:

- ¿Es justo que alguien haga que parezca que algo que dijiste es mentira?
- ¿Es justo ser castigado por algo que no fue culpa tuya?
- ¿Es justo que alguien te golpee o te dé una bofetada porque no está de acuerdo con algo que dijiste?
- ¿Es justo que te insulten o hablen mal de ti cuando tú no has hecho nada malo?
- ¿Es justo que tu mejor amigo actúe como si no te conociera?

Ninguna de estas cosas son justas, pero todas le sucedieron a Jesús. Él podría haber dicho: "¡No es justo!". Pero no lo hizo. No dijo nada. Permaneció en silencio.

Jesús fue llevado a la casa de Caifás, el sumo sacerdote (líder) donde se había reunido el Sanedrín (un grupo de maestros y líderes del templo judío, también llamado el Concilio) . Caifás y el Sanedrín se reunieron de noche para que nadie supiera que estaban buscando la manera de hacer que Jesús muriera aunque era inocente de cualquier delito. El Sanedrín no creía que lo que Jesús enseñaba fuera cierto. Estaban enojados porque la gente creía que Jesús era el Hijo de Dios. Estaban tan enojados que querían matar a Jesús y buscaban que otros estuvieran de acuerdo con ellos.

Finalmente, consiguieron dos personas que estaban dispuestas a ser testigos falsos. (Un testigo falso es una persona que no dice la verdad). Dos falsos testigos le dijeron al Sanedrín lo que ellos querían oír, haciendo que lo que Jesús había dicho pareciera mentira.

La historia se pone peor. Durante el juicio, algunas personas le preguntaron a Pedro si era amigo de Jesús. Pedro, que era uno de los discípulos y amigos de Jesús, ¡dijo que no! Y no una sola vez, sino tres veces. Jesús sabía que Pedro iba a hacer eso. También sabía que el juicio no sería justo. ¿Por qué no dijo nada? ¿Por qué permitió que lo trataran injustamente? ¿Por qué lo castigaron por algo que no había hecho?

Jesús hizo todo esto porque era parte del plan de Dios. Lo hizo porque ama a su Padre. Lo hizo porque nos ama a nosotros. Él era inocente, pero fue castigado por nuestros pecados. La forma en que trataron a Jesús no fue justa, pero Él lo hizo de todos modos.

Puedes leer la historia completa en Mateo 26:57—27:31. Al completar las actividades de esta semana, descubrirás actitudes y acciones que ayudaron a Jesús a soportar su juicio.

DÍA 1 — OBEDECE

VERSÍCULO DE HOY: Hebreos 5:8
DESAFÍO: Mateo 26:57-68

 Colorea los números con el color que corresponda. Cuando termines, aparecerá un dibujo.

1 Azul **2** Violeta **3** Verde **4** Amarillo **5** Rosa

```
1 1 1 1 1 1 1 1 1 1 1 1 1 1 1 1 1 1 1 1 1 1 4 1 1 1 1 1 1 1 1 1
1 1 1 1 1 1 1 1 1 1 1 1 1 1 1 1 1 1 1 1 1 1 4 1 1 1 1 1 1 1 1 1
1 1 5 5 5 5 5 5 5 1 1 1 1 1 1 1 1 1 4 1 1 1 1 1 1 1 1 1 1 1 1 1
5 5 5 5 5 5 5 5 5 5 1 1 1 4 1 4 1 1 1 4 1 1 1 1 1 1 1 4 1 1 1 1
5 5 5 1 1 5 5 5 5 5 1 1 1 1 1 1 4 1 4 1 4 1 1 1 1 1 1 4 1 4 1 1
1 1 1 1 1 1 1 1 1 1 1 1 1 1 4 1 4 1 4 4 4 1 4 1 1 4 1 1 1 1 4 1
1 1 1 1 1 1 1 1 1 1 1 1 4 1 4 1 4 4 4 4 4 4 4 4 1 4 1 1 1 4 1 1
1 1 1 1 1 1 1 1 1 1 1 4 1 4 1 4 4 4 4 4 4 4 4 4 4 1 1 1 4 1 1 1
1 1 1 1 1 1 1 1 1 1 4 1 1 4 4 4 4 4 4 4 4 4 4 4 1 1 1 5 1 1 1 1
1 1 1 1 3 3 1 1 1 1 1 1 1 1 4 4 4 4 4 4 4 4 1 1 1 5 5 1 1 1 1 1
1 1 3 3 3 1 1 1 2 2 2 2 2 2 1 1 4 4 4 4 4 1 1 1 5 5 5 5 1 1 1 1
1 1 3 3 3 1 1 2 2 2 2 2 2 2 2 1 4 1 1 4 1 4 1 1 1 5 5 5 5 5 1 1
1 3 3 3 3 2 2 2 2 2 2 2 2 2 2 4 1 1 1 4 1 1 4 1 1 1 1 1 1 1 1 1
1 3 3 3 3 3 2 2 2 2 2 2 2 2 4 4 1 1 4 1 1 1 1 1 1 1 1 1 1 1 1 1
1 3 3 3 3 3 3 2 2 2 2 2 2 2 2 2 1 1 1 1 1 1 1 1 1 1 1 1 1 1 1 1
1 1 3 3 3 3 3 3 2 2 2 2 2 2 2 2 2 2 2 1 1 1 1 1 1 1 1 1 1 1 1 1
1 1 3 3 3 3 3 2 2 2 2 2 2 2 2 2 2 2 2 2 1 1 1 1 1 1 1 1 1 1 1 1
3 1 3 3 3 3 3 3 3 2 2 2 2 2 2 2 2 2 2 2 2 1 1 1 1 1 1 1 1 1 1 1
3 3 3 3 3 3 3 3 3 3 3 3 3 2 2 2 2 2 2 2 2 2 2 1 1 1 1 1 1 1 1 1
3 3 3 3 3 3 3 3 3 3 3 3 3 3 3 2 2 2 2 2 2 2 2 2 1 1 1 1 1 1 1 1
3 3 3 3 3 3 3 3 3 3 3 3 3 3 3 3 3 2 2 2 2 2 2 2 2 1 1 1 1 1 1 1
3 3 3 3 3 3 3 3 3 3 3 3 3 3 3 3 3 3 2 2 2 2 2 2 2 2 1 1 1 1 1 1
3 3 3 3 3 3 3 3 3 3 3 3 3 3 3 3 3 3 3 3 2 2 2 2 2 2 2 1 1 1 1 1
3 3 3 3 3 3 3 3 3 3 3 3 3 3 3 3 3 3 3 3 3 2 2 2 2 2 2 2 2 1 1 1
3 3 3 3 3 3 3 3 3 3 3 3 3 3 3 3 3 3 3 3 3 3 3 3 2 2 2 2 2 2 3 3
3 3 3 3 3 3 3 3 3 3 3 3 3 3 3 3 3 3 3 3 3 3 3 3 3 3 3 3 3 3 3 3
3 3 3 3 3 3 3 3 3 3 3 3 3 3 3 3 3 3 3 3 3 3 3 3 3 3 3 3 3 3 3 3
3 3 3 3 3 3 3 3 3 3 3 3 3 3 3 3 3 3 3 3 3 3 3 3 3 3 3 3 3 3 3 3
```

✓ Jesús obedeció a su Padre. Obedecer a Dios te ayuda a ser cada vez más parecido a Jesús.

✓ Dios puede ver lo que nosotros no vemos.

✓ Dios cuidará de ti.

✓ Obedecer los mandamientos de Dios es una forma de mostrarle que lo amas (1 Juan 5:3).

✓ El Espíritu Santo te da poder para obedecer.

ORAR Pídele a Dios que te ayude a obedecer, aun cuando no puedas ver su plan.

DÍA 2 — CONFÍA

VERSÍCULOS DE HOY: Proverbios 3:5-6
DESAFÍO: Mateo 26:69-75

HACER Convierte estos garabatos en dibujos.

SABER

✓ Jesús confió en Dios, aun cuando tenía temor (Mateo 26:39).

✓ Cuando tienes miedo, puedes confiar en Dios.

✓ Dios sabe lo que hace.

✓ Dios puede hacer algo hermoso a partir de un gran desastre.

✓ Dios lo ve y lo sabe todo.

✓ Dios siempre está contigo.

✓ Aun las tinieblas no son oscuras para Dios (Salmo 139:12).

ORAR Pídele a Dios que te ayude a confiar en Él cuando tienes miedo o no entiendes algo. Dale gracias por convertir los desastres en algo hermoso.

NO TE DES POR VENCIDO

VERSÍCULO DE HOY: Juan 16:33 / DESAFÍO: Mateo 27:1-10

HACER Ordena las letras para armar la siguiente palabra:

C I N D O V E

— — — — — — —

PISTA: Puedes encontrar esta palabra en Juan 16:33.

Cuando descubras la palabra, fíjate cuántas otras puedes formar con las mismas letras. Cada palabra debe tener, por lo menos, tres letras. ¡No te des por vencido hasta que hayas armado, al menos, cinco palabras!

_____ _____

_____ _____

_____ _____

 SABER

✓ Jesús no se dio por vencido, aun cuando era tratado injustamente.
✓ Dios te animará cuando sientas deseos de darte por vencido.
✓ Cuando eres débil, Dios es fuerte.
✓ Dios está contigo dondequiera que vayas.
✓ Dado que Dios es por nosotros, nadie puede estar en contra de nosotros (Romanos 8:31).

ORAR Pídele a Dios fuerzas y valor cuando estás débil y tienes temor.

DESCANSO

VERSÍCULO DE HOY:: Mateo 11:28 / DESAFÍO: Mateo 27:11-14

HACER Mira el dibujo de la izquierda. ¿Puedes encontrar 10 diferencias con el dibujo de la derecha?

 SABER

✓ Jesús sabía que Dios iba a cuidar de Él.
✓ Dios cuidará de ti.
✓ Dios tiene el control.
✓ Dios es bueno, ¡siempre!
✓ Dios siempre está contigo.
✓ Dios te sostiene en la palma de su mano (Juan 10:28).

ORAR Pídele a Dios que te ayude a descansar, aun cuando estás preocupado o tienes miedo.

DÍA 5

DA GRACIAS

VERSÍCULO DE HOY: 1 Tesalonicenses 5:18
DESAFÍO: Mateo 27:15-26

HACER Es difícil dar gracias cuando las cosas no van como tú quieres. ¿Se te ocurre algo por lo cual dar gracias (bueno o malo) que comience con cada letra del alfabeto? Busca un amigo y túrnense. ¡Quizá te sorprendas al escuchar algunas cosas por las que tu amigo da gracias!

a _____   n _____
b _____   o _____
c _____   p _____
d _____   q _____
e _____   r _____
f _____   s _____
g _____   t _____
h _____   u _____
i _____   v _____
j _____   w _____
k _____   x _____
l _____   y _____
m _____   z _____

SABER

✓ Dado que Jesús estaba siguiendo el perfecto plan de Dios, podía estar agradecido.
✓ La paz de Dios guardará tu corazón y tu mente.
✓ Dios quiere que seas sincero con Él cuando oras.
✓ Dios no quiere que te preocupes.
✓ Dios puede convertir tu tristeza en gozo.

ORAR Pídele a Dios que te ayude a ser agradecido, aun cuando es difícil y sientes que no tienes motivos para agradecer.

DÍA 6

TEN ESPERANZA

VERSÍCULO DE HOY: Jeremías 29:11
DESAFÍO: Mateo 27:27-31

HACER Comienza por la "Partida" del laberinto. Sigue el camino hasta la "Llegada". Cuando hayas terminado, ¡verás que el laberinto forma un dibujo!

Partida

Llegada

SABER

✓ Dado que Jesús estaba siguiendo el perfecto plan de Dios, podía tener esperanzas.
✓ Dios puede ver lo que tú no puedes ver.
✓ El camino de Dios es perfecto (Salmo 18:30)
✓ Dios entregó a su propio Hijo por ti. Él no te llevará por un camino errado.
✓ Dios tiene un buen plan para tu vida.
✓ Dios siempre te ama, aun en los momentos difíciles.
✓ Dios irá contigo dondequiera que vayas y siempre te cuidará (Génesis 28:15).

ORAR Pídele a Dios que te ayude a seguir su camino. (Quizá no lo entiendas hasta que llegues al final y puedas ver lo que él ve, la imagen completa).

¿QUIÉN ES QUIÉN?

Muchas personas cumplieron diferentes papeles en el juicio de Jesús. Une cada descripción con la persona que corresponde. Si necesitas ayuda, busca en Mateo 26:57—27:31.

● Barrabás

● Concilio (Sanedrín)

● Judas

● Jesús

● Soldados

● Pedro

● Caifás

● Pilato

● Multitud

El Hombre que fue enjuiciado; el Hijo de Dios

Sumo sacerdote, líder del Sanedrín (el Concilio)

Discípulo que negó conocer a Jesús

Grupo de líderes de la religión judía (los principales sacerdotes y ancianos)

Gobernador que no encontró ninguna culpa en Jesús

Discípulo que traicionó a Jesús y luego se ahorcó

Prisionero que fue liberado en lugar de Jesús

Grupo que gritaba: "¡Crucifícale!"

Grupo que se burlaba de Jesús y llevó a Jesús para que fuera crucificado

DESAFÍO

Busca en Mateo 26:57—27:31 y escribe los versículos donde aparece cada persona.
Te damos el primero hecho como ejemplo.

Jesús: Mateo 26:57,62-64; Mateo 27:1-2,11-14,26-31

Caifás: _____

Pedro: _____

Concilio: _____

Pilato: _____

Judas: _____

Barrabás: _____

Multitud: _____

Soldados: _____

ENCUENTRA LOS NOMBRES DE LA LISTA EN LA SOPA DE LETRAS.

```
O Q S O L D A D O S X
C M X J U D A S R C E
O J J E S U S Z D A J
N R V B Q W Y Ñ E I M
C E P I L A T O P F Y
I N Q W Z B Ñ H U A G
L Z I R R E H N A S W
I Y D U T I T L U M V
O T B A R R A B A S C
```

JESÚS: LA CRUCIFIXIÓN

HENRY DUTTON

Desde el mismo comienzo de los tiempos, Dios tuvo un plan para salvar a las personas del pecado y la muerte. Dios planeó una misión de rescate especial y envió a su único Hijo, Jesús, para que fuera nuestro Salvador. Durante las últimas semanas, has estado aprendiendo sobre el nacimiento y la vida de Jesús. Esta semana pasarás un tiempo leyendo y aprendiendo más sobre la muerte de Jesús en la cruz.

¿Por qué murió Jesús?

La Biblia enseña que todos los seres humanos pecan (Romanos 3:23). Todos hacemos cosas que quebrantan las leyes de Dios y lo enojan. El castigo por nuestro pecado es la muerte y la separación de Dios para siempre (Romanos 6:23). Dado que todos pecamos, todos merecemos este castigo, y esa es una noticia muy mala.

Jesús es 100 por ciento hombre, pero también es 100 por ciento Dios. Cuando Jesús vino a la tierra, vivió una vida perfecta. Nunca pecó ni quebrantó las leyes de Dios, ni siquiera una vez. Recuerda: el castigo por el pecado es la muerte y la separación de Dios, pero dado que Jesús nunca pecó, no merecía ser castigado.

Jesús nos ama tanto que murió en la cruz y cargó con el castigo que nosotros merecemos (Romanos 5:8). Nosotros merecemos morir, pero Jesús no. Él murió en nuestro lugar como sustituto nuestro. No hay mayor amor que ese (Juan 15:13).

Gracias a Jesús, podemos tener vida en lugar de muerte. Podemos vivir para siempre como hijos de Dios, ¡y esa es una muy buena noticia!

No más separación

En la Biblia, aprendemos que el templo judío estaba dividido en dos partes por una gruesa cortina. A un lado de la cortina estaba el santuario, y al otro lado, el lugar santísimo. Este era un lugar especial que representaba la presencia de Dios en la tierra. Así que, en el templo, esa cortina separaba a las personas pecadoras de Dios.

Cuando Jesús murió en la cruz, la Biblia nos dice que la gruesa cortina del templo se rasgó de arriba abajo (Mateo 27:51). Así, Dios nos mostró que ya no hay separación entre Él y el hombre. Todas las cosas que nos separan de Dios, como el pecado y la muerte, fueron destruidas por causa de la vida perfecta de Jesús y su muerte en la cruz.

Antes de que Jesús viniera, solo el sumo sacerdote podía entrar en el lugar santísimo en la presencia de Dios para hacer sacrificios y hablar con Él por todo el pueblo. Ahora, gracias a Jesús, tenemos el derecho de ser llamados hijos de Dios y podemos hablar con Él y pasar tiempo con Él cuando queramos. ¡Esa es una muy buena noticia, también!

DÍA 1 — VIVE POR ÉL

VERSÍCULO DE HOY: Marcos 8:34 / DESAFÍO: Mateo 27:32-37

 HACER ¿Cuál es la cosa más pesada que puedes levantar? Pide permiso y luego ve por la casa y trata de levantar algunas de estas cosas:

Mesa de la cocina

Cama

Sofá

Cómoda

→ ¿Pudiste levantar esas cosas? Ahora, imagina tratar de cargar una de estas cosas tan pesadas sobre tu espalda, como una mochila. ¿Crees que podrías hacerlo?

→ Cuando iba camino a ser crucificado, Jesús fue obligado a cargar una parte muy pesada de la cruz sobre su espalda: la viga transversal. Un hombre llamado Simón lo ayudó a cargarla cuando Jesús ya no podía más.

SABER
- ✓ Jesús dijo que debemos tomar nuestra cruz y seguirlo. No es que quiera que andemos caminando por todas partes con una cruz sobre la espalda. Lo que quiso decir es que debemos vivir solo para Él.
- ✓ Puedes vivir para Dios tomando buenas decisiones, leyendo y obedeciendo su Palabra (la Biblia) y hablándoles a otros de Él.

ORAR Dale gracias a Jesús por morir en la cruz. Pídele que te ayude a tomar buenas decisiones y vivir solo para Él.

DÍA 2 — JESÚS SABE Y SE INTERESA

VERSÍCULOS DE HOY: Hebreos 4:15-16 / DESAFÍO: Mateo 27:38-44

HACER ¿Alguna vez se burlaron de ti, o te acosaron? Cuando Jesús estaba en la cruz, la gente que lo rodeaba se burlaba y se reía de Él. Cuando alguien se burle de ti, recuerda que eres la creación especial de Dios. Él te hizo exactamente como deseaba que fueras.

Pide permiso y toma un marcador lavable. Ahora, mírate al espejo y escribe las cosas que tienes de especial en el espejo, junto a tu reflejo.

SABER
- ✓ Jesús es totalmente Dios, pero también totalmente humano.
- ✓ La Biblia dice que Jesús se compadece de ti (Hebreos 4:15-16). Él entiende todo lo que tú vives y quiere ayudarte.
- ✓ Cuando algo te preocupa, puedes hablar con Jesús y leer la Biblia.

 ORAR Dale gracias a Dios por hacerte exactamente como desea que seas. Dale gracias a Jesús porque Él siempre está contigo, en las buenas y en las malas.

DÍA 3 — PARTIDO EN DOS

VERSÍCULO DE HOY: Mateo 27:51
DESAFÍO: Mateo 27:45-53

HACER Pídele a un adulto una guía telefónica vieja. Trata de rasgarla por la mitad desde las tapas. ¿Pudiste hacerlo?

Cuando Jesús murió, el velo del templo se partió de arriba abajo. Esta cortina era muy gruesa—unas 4" (10 cm) de grosor; hubiera sido muy difícil para una persona rasgarla.

SABER

✓ Cuando Jesús murió, destruyó todas las cosas que te separan de Dios, como el pecado y la muerte.
✓ Cuando le pides a Jesús que sea tu Salvador y Señor, puedes estar seguro de que perteneces a Dios para siempre.
✓ Aun después que te haces cristiano, sigues cometiendo errores y pecando. El pecado puede afectar o dañar tu relación con Jesús y hacer que no te sientas muy cerca de Él.
✓ Jesús no quiere que nada se interponga entre tú y tu relación con Él.

ORAR Pídele a Dios que te ayude a no pecar. Pídele que te ayude a pensar en cualquier cosa que podría interponerse entre tú y tu relación con Él para que puedas cambiarla.

DÍA 4 — ¿QUIÉN DICES TÚ QUE ÉL ES?

VERSÍCULO DE HOY: Mateo 27:54
DESAFÍO: Mateo 16:13-16

HACER Pregúntales a tres personas: "¿Quién es Jesús?". Desafíalos a responder en una sola frase. Escribe sus respuestas. Ahora, hazte a ti mismo esa pregunta y escribe tu respuesta también.

¿QUIÉN ES JESÚS?
1.
2.
3.
Mi respuesta:

SABER

✓ Cuando Jesús murió en la cruz, los guardias que estaban vigilándolo se dieron cuenta de que Él realmente es el Hijo de Dios.
✓ Hoy, las personas creen muchas cosas diferentes acerca de Jesús. Algunos dicen que era un hombre común y otros dicen que fue solo un buen maestro. Algunas personas llegan a decir que Jesús no existió.
✓ Tú puedes confiar en la Palabra de Dios y creer que Jesús es tanto completamente Dios como completamente hombre.

ORAR Pídele a Dios que te ayude a tener valor para contarles a los demás que Jesús es el Hijo de Dios y que puede salvarlos del pecado y la muerte.

UNA NUEVA VIDA

VERSÍCULO DE HOY: Romanos 6:4 / DESAFÍO: Mateo 27:55-61

HACER Dibuja cómo te imaginas que era la tumba de Jesús.

¿Sabías que el bautismo es un símbolo de la sepultura y la resurrección de Jesús? Pídele a un adulto que te muestre el bautisterio la próxima vez que estés en la iglesia.

 SABER

✓ Nosotros merecemos la muerte y estar separados de Dios por nuestros pecados, pero gracias a que Jesús murió en nuestro lugar y resucitó, podemos tener vida en lugar de muerte.

✓ El bautismo es un símbolo. Cuando alguien entra en el agua, representa la entrada a una tumba o una sepultura. Cuando sale del agua, representa la salida de la tumba para tener una nueva vida.

✓ El bautismo nos ayuda a celebrar la nueva vida que tenemos gracias a Jesús. También les muestra a las demás personas que queremos vivir para Jesús.

ORAR Dale gracias a Dios por darte vida en lugar de muerte. Pídele que te ayude a vivir para Él y a hablarles a los demás de Él.

DÍA 6 — SELLADA Y VIGILADA

VERSÍCULO DE HOY: Mateo 27:66 / DESAFÍO: Mateo 27:62-66

HACER Trata de pasar a hurtadillas junto a una persona, o aparecértele por detrás, sin que ella se dé cuenta. ¿Lograste hacerlo?

¿Qué cosas podrían indicarte que alguien está tratando de acercarse sin que lo notes? Marca todas las que correspondan:

☐ Un piso que cruje
☐ Una risita
☐ El reflejo en un espejo
☐ El olor de una comida que tiene en la mano
☐ Que se choque contigo
☐ Ropa que hace ruido
Otra: _____
Otra: _____

Cuando Jesús fue puesto en la tumba, un grupo de soldados romanos montó guardia, y nadie podía acercarse sin que ellos se dieran cuenta.

SABER

✓ Como muchos recordaban que Jesús había dicho que iba a resucitar después de tres días, los soldados cubrieron la entrada de su tumba con una piedra enorme y muy pesada.

✓ La gente tenía miedo de que los discípulos de Jesús robaran su cuerpo de la tumba y después dijeran que había resucitado.

✓ Los soldados sellaron y vigilaron la tumba. Nadie podía abrirla.

ORAR Dale gracias a Jesús por estar dispuesto a morir en tu lugar.

DATOS SOBRE LA CRUCIFIXIÓN

A veces, se colgaba un cartel del cuello de la persona con el delito que había cometido. Ese cartel luego se clavaba en la cruz.

La crucifixión se había convertido en una forma de ejecución muy común en el tiempo de Jesús.

Generalmente, antes de crucificar a una persona, la golpeaban. A veces, usaban un látigo con puntas de hueso o de metal. Esto se hacía para que la persona muriera más rápido después de ser crucificada.

Viga transversal

Viga

Después de que la golpeaban, obligaban a la persona a cargar la viga de la cruz hasta el lugar donde la iban a instalar. La viga transversal de la cruz podía pesar unas 100 libras (45 kg).

Taco de madera

Las crucifixiones se realizaban en lugares públicos y los cuerpos, generalmente, se dejaban colgando allí durante días..

Cartel

Las personas generalmente eran crucificadas desnudas, algo muy humillante. La crucifixión también era una muerte muy dolorosa. Los crucificados generalmente morían por la pérdida de sangre o por una falla del corazón. Muchas veces, los soldados les rompían las piernas para acelerar el proceso de la muerte.

Una vez que la persona llegaba al lugar de la crucifixión, la ataban o la clavaban por las muñecas a la viga transversal de la cruz. Luego, levantaban la viga transversal y la ataban a la viga principal, que ya estaba erguida. Colocaban un taco de madera en la viga principal para apoyar los pies, que luego también eran clavados o atados a la viga.

Jesús predijo su muerte varias veces:
✓ Mateo 16:21; Marcos 8:31; Lucas 9:22
✓ Mateo 17:22-23; Marcos 9:31; Lucas 9:44
✓ Mateo 20:18-19; Marcos 10:33-34; Lucas 18:32-33
✓ Juan 3:14; 8:28; 12:32-33

Escribe una oración para darle gracias a Dios porque Jesús estuvo dispuesto a morir en la cruz por ti.

Querido Padre celestial,

Pídeles a tus padres un clavo y pégalo aquí con cinta adhesiva como recordatorio de lo que Jesús hizo por ti.

En el nombre de Jesús, amén.

JESÚS: RESUCITADO DE LOS MUERTOS

RHONDA VANCLEAVE

Jesús hizo muchas cosas maravillosas e increíbles durante el tiempo que estuvo en la tierra. Multitudes se reunían para escucharlo enseñar y verlo sanar a los enfermos y realizar otros milagros. Pero lo más importante que Jesús vino a hacer fue que vino a ser el Salvador del mundo. Él cargó con el castigo por nuestros pecados, pero su resurrección demostró su poder sobre el pecado, la muerte y el infierno.

La resurrección de Jesús y sus últimos días en la tierra incluyen acontecimientos que son más espectaculares que los mejores efectos especiales de Hollywood. ¡Imagina un violento terremoto, y a un ángel del Señor con blancas y brillantes vestiduras haciendo rodar sin esfuerzo una enorme piedra de la entrada de una tumba y luego sentándose encima de la piedra! ¡Y a un grupo de experimentados soldados tan conmocionados por lo que han visto que se desmayan!

Cuando los principales sacerdotes se enteraron de estos hechos, tuvieron temor de lo que podría suceder si la gente se daba cuenta de que Jesús, en realidad, estaba vivo. Por eso, según Mateo 28:12-13, los principales sacerdotes les pagaron a algunos soldados una gran suma de dinero para que hicieran correr la voz de una mentira: que los discípulos de Jesús habían robado su cuerpo. ¡Sin embargo, Jesús estaba a punto de brindar numerosas pruebas de que estaba vivo y coleando!

Durante los siguientes 40 días, Jesús se les apareció a muchas personas. Una vez, había más de 500 personas que lo vieron. Jesús caminó, habló y comió con diferentes personas. ¡Sus amigos pudieron tocarlo y saber que realmente era Él y estaba vivo! Jesús quería que sus seguidores no tuvieran dudas de que Él hizo todo lo que había dicho que haría.

Después de los 40 días, Jesús les prometió a los discípulos que el Espíritu Santo iba a ir a ayudarlos muy pronto. Después, delante de los ojos de todos, Jesús ascendió (subió) a las nubes. ¡Ellos no podían dejar de mirar el cielo! ¿Cómo podía ser que simplemente desapareciera? De repente, dos hombres con vestiduras blancas aparecieron y les preguntaron a los discípulos: "¿Por qué se quedaron mirando el cielo? Jesús, que ha sido llevado, volverá de la misma manera que lo vieron irse al cielo".

Jesús vino a cargar con el castigo de nuestro pecado. Demostró que es Dios. Podemos confiar en Él. ¿No es emocionante pensar que, un día, regresará? Él lo prometió. Y siempre ha cumplido sus promesas.

Cuando te das cuenta de todas las cosas realmente impresionantes que Jesús hizo, no puedes evitar contárselo a alguien. Y eso es exactamente lo que Jesús quiere que hagamos. El último mandato que Jesús les dio a sus seguidores (Mateo 28:19-20; Hechos 1:8) fue que fuéramos testigos suyos e hiciéramos discípulos.

DÍA 1 — ¡JESÚS ESTÁ VIVO!

VERSÍCULOS DE HOY: Mateo 28:1-6
DESAFÍO: Marcos 14:28

HACER Jesús ya no está muerto. ¡Está vivo! ¿Recuerdas lo que las mujeres vieron cuando fueron a la tumba?

Usa las letras de la caja para completar los espacios en blanco. Tacha cada letra a medida que la uses.

• Un __n__ e __ del S __ñ__ r

• La __i__d__a estaba __e__ o__i__a

• La aparición del ángel fue como un r __ y __ y su

  v__s__i__o __l__n__o como la n__e__e.

• La tumba estaba v__c__a. Jesús no estaba __l__í.

  Había r__s__c__t__d__ de los __u__r__o__.

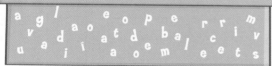

✓ Para los judíos, el día de reposo comienza a la caída del sol del viernes y termina a la caída del sol del sábado.
✓ En el Nuevo Testamento, los fariseos tenían reglas muy estrictas sobre lo que se podía hacer y lo que no se podía hacer en el día de reposo.
✓ Hoy, los cristianos adoran en el domingo, el primer día de la semana, que fue el día en que Jesús resucitó.

ORAR Dale gracias a Dios porque Jesús está vivo. Dale gracias por las cosas extraordinarias que Él hace.

DÍA 2 — VE Y HABLA

VERSÍCULOS DE HOY: Mateo 28:8-10
DESAFÍO: Lucas 24:9-12

HACER Después que Jesús se les apareció a las mujeres, ellas corrieron a contarles a los discípulos que Jesús estaba vivo. Ellas no tenían celulares ni otras formas de comunicación rápida.

Si pudieras enviar un mensaje de texto con la fabulosa noticia de la resurrección de Jesús a alguien, ¿a quién se lo enviarías, y qué dirías? ¿Cómo crees que esa persona respondería? Escribe los mensajes de esa conversación aquí:

✓ Las mujeres fueron las primeras testigos oculares de la resurrección de Jesús.
✓ Puedes leer acerca de este extraordinario acontecimiento en otros libros del Nuevo Testamento. Fíjate en: Marcos 16:1-13; Lucas 24:1-12; y Juan 20:1-18.

ORAR Pídele a Dios que te ayude a compartir la buena noticia de la resurrección con tus amigos, como las mujeres que les contaron a los discípulos.

DÍA 3 — PRUEBAS

VERSÍCULOS DE HOY: Mateo 28:16-18; Hechos 1:3-4 / DESAFÍO: 1 Corintios 15:3-11

HACER Haz tus cálculos. Muchas personas vieron a Jesús vivo después que resucitó. Busca cada versículo y escribe en el espacio en blanco la cantidad de personas que vieron a Jesús.

_____ Lucas 24:13-15

_____ Lucas 24:33-43

_____ Juan 20:11-16

_____ 1 Corintios 15:6

_____ 1 Corintios 15:8

SABER

✓ Después que Jesús resucitó, hizo algunas cosas milagrosas y otras comunes para demostrar que estaba vivo.
→ Caminó y habló con varias personas (Lucas 24:15-17).
→ Comió con sus amigos (Lucas 24:41-43).
→ Permitió que algunas personas lo tocaran (Lucas 24:39).
→ Se apareció dentro de un cuarto cerrado con llave (Juan 20:19-20).

ORAR Dale gracias a Dios por darnos tantas pruebas de que Jesús está vivo.

DÍA 4 — PROMESAS

VERSÍCULOS DE HOY: Hechos 1:4-5,8; Mateo 28:18-20 / DESAFÍO: Mateo 6:31-33

HACER Después de resucitar, Jesús hizo algunas promesas especiales durante sus últimos días aquí en la tierra. Estas promesas alentaron y consolaron a sus seguidores. Los versículos del "Desafío" mencionan algunas promesas que Jesús hizo mientras les enseñaba a sus seguidores. Basándote en lo que leíste hoy, ¿cuál es tu promesa favorita? Escríbela en el siguiente espacio:

Jesús prometió...

SABER

✓ Jesús prometió que el Espíritu Santo iba a ser un ayudador especial para los creyentes.
✓ El Espíritu Santo te ayuda a saber qué decir cuando hablas de Dios (Marcos 13:11; Lucas 12:12).
✓ El Espíritu Santo es Aquel que te enseña cuando estudias la Palabra de Dios (Juan 14:26).

ORAR Dale gracias a Dios por las promesas que te brindó a través de Jesús. Dale gracias específicamente por la promesa que escribiste.

DÍA 5

¡JESÚS VOLVERÁ!

VERSÍCULOS DE HOY: Hechos 1:9-11
DESAFÍO: Juan 14:1-3

 Cuando Jesús ascendió, los discípulos se quedaron mirando el cielo. ¿Qué les dijeron los ángeles? Escribe la conversación en los globos de diálogo.

SABER

✓ La Biblia promete que Jesús va a regresar un día, pero solo Dios sabe cuándo será (Mateo 24:36).

✓ La Biblia dice que Jesús tiene toda autoridad en el cielo y en la tierra (Mateo 28:18).

✓ Puedes usar las palabras de un versículo de la Biblia cuando oras.

ORAR Dale gracias a Dios porque a Jesús "toda autoridad le ha sido dada en el cielo y en la tierra".

DÍA 6

OREMOS JUNTOS

VERSÍCULOS DE HOY: Hechos 1:12-14
DESAFÍO: Marcos 6:3

HACER Lee Hechos 1:12-14. Los discípulos habían estado con Jesús después de su resurrección y vieron su milagrosa ascensión. ¿Qué hicieron después?

¿Quiénes estaban allí? Marca con una tilde las personas que menciona el pasaje:

___ Pedro   ___ Bartolomé
___ Juan   ___ Mateo
___ Isaías   ___ Jacobo, hijo de Alfeo
___ Santiago   ___ Noé
___ Andrés   ___ Simón, el zelote
___ Felipe   ___ Judas, hijo de Jacobo
___ Tomás   ___ María, madre de Jesús
___ Abraham   ___ Los hermanos de Jesús

¿Cuándo fue la última vez que oraste con tu familia o tus amigos?

SABER

✓ La distancia de un día de reposo era la distancia que un judío estaba autorizado legalmente a recorrer en un día de reposo, en el tiempo del Nuevo Testamento. Era aproximadamente media milla (1 Km).

✓ Los amigos y los familiares de Jesús oraban juntos.

✓ Tú puedes orar con tu familia y tus amigos.

SABER Dale gracias a Dios por tu familia y tus amigos. Dale gracias por escucharte cuando oras.

JESÚS: DE DOMINGO DE RAMOS A LA RESURRECCIÓN

Instrucciones para el juego:
Busca una ficha para cada jugador y una moneda.

Coloca las fichas en el casillero de Partida.

Túrnate con tu amigo para lanzar la moneda y así determinar cuántos espacios avanzará la ficha:
Cara: 1 espacio
Cruz: 2 espacios

Lee el hecho que encuentras en cada casillero donde caes. Busca los versículos de Mateo 21:1–28:10 que correspondan a ese hecho.

Sigue las instrucciones del casillero para avanzar o retroceder antes que el otro jugador haga su movida.

El primero en alcanzar la Llegada gritará: **"¡Jesús está vivo!"**

18. Jesús resucitó de los muertos. (Domingo de resurrección).
Avanza 2 espacios.

Llegada
¡Celebra que Jesús está vivo!

17. Jesús fue sepultado en una tumba sellada y vigilada por una guardia.

16. Jesús murió.

15. Jesús fue crucificado entre dos delincuentes. (Viernes santo).

14. Los soldados se burlaron de Jesús.

13. La multitud gritaba: "¡Crucifícalo!".
Retrocede 2 espacios.

12. Jesús fue sometido a juicio.

11. Jesús fue arrestado.

10. Judas traicionó a Je[sús] con un bes[o].
Retrocede 1 espacio.

ALERTA PARA PADRES

Invita a tus padres a jugar a este juego contigo. Mientras mueven sus fichas por el tablero, busquen juntos los pasajes de Mateo 21:1—28:10 que correspondan a los casilleros. ¿Quién alcanzará primero la Llegada?

Partida

1. La gente alabó a Jesús al entrar en Jerusalén. (Domingo de Ramos). *Avanza 2 espacios.*

2. Jesús limpió el complejo del templo.

3. Jesús maldijo una higuera.

4. Los niños alababan a Jesús. *Avanza 1 espacio.*

5. Jesús contó parábolas e hizo predicciones.

6. Se armó un complot para matar a Jesús. *Retrocede 2 espacios.*

7. Jesús fue ungido en Betania. *Avanza 1 espacio.*

8. Jesús celebró la Pascua con sus discípulos.

9. Jesús oró en el huerto de Getsemaní.

NOTA: Ayuda a que el tablero quede más plano colocando sobre él objetos pesados (como un libro) sobre el borde exterior del libro. Usa monedas, clips de colores o cuadrados de papel u otros objetos pequeños como fichas.

¡PIÉNSALO!

Durante las últimas 15 semanas, has aprendido muchas cosas sobre la vida de Jesús.
Relee algunas partes de tu diario y responde las siguientes preguntas:

¿Cuál fue el tema que más te gustó estudiar acerca de Jesús?

¿Por qué?

Menciona tres cosas que aprendiste de Jesús y que no sabías.

1.

2.

3.

Si un amigo te pidiera que describieras la vida de Jesús, ¿qué le dirías?

Jesús ...

¿Qué preguntas tienes aún acerca de Jesús?

¿Qué harás para ser un mejor seguidor de Jesús?

Haré ...

Pídeles a tus padres, a tu maestro o a un amigo que te ayude a descubrir las respuestas a tus preguntas.

Completa esta oración:

Querido Padre celestial,
Gracias por enviar a Jesús.

En el nombre de Jesús, amén.

MIS NOTAS SOBRE EL SERMÓN

FECHA DE HOY

PASAJE BÍBLICO/SERMÓN

LO QUE DIJO MI PASTOR:

ALGO QUE APRENDÍ HOY:

ALGO QUE PUEDO HACER ESTA SEMANA SEGÚN EL SERMÓN:

ALGO DE LO QUE PUEDO HABLAR CON MI FAMILIA:

MIS NOTAS SOBRE EL SERMÓN

FECHA DE HOY

PASAJE BÍBLICO/SERMÓN

LO QUE DIJO MI PASTOR:

ALGO QUE APRENDÍ HOY:

ALGO QUE PUEDO HACER ESTA SEMANA SEGÚN EL SERMÓN:

ALGO DE LO QUE PUEDO HABLAR CON MI FAMILIA:

MIS NOTAS SOBRE EL SERMÓN

FECHA DE HOY

PASAJE BÍBLICO/SERMÓN

LO QUE DIJO MI PASTOR:

ALGO QUE APRENDÍ HOY:

ALGO QUE PUEDO HACER ESTA SEMANA SEGÚN EL SERMÓN:

ALGO DE LO QUE PUEDO HABLAR CON MI FAMILIA:

MIS NOTAS SOBRE EL SERMÓN

FECHA DE HOY

PASAJE BÍBLICO/SERMÓN

LO QUE DIJO MI PASTOR:

ALGO QUE APRENDÍ HOY:

ALGO QUE PUEDO HACER ESTA SEMANA SEGÚN EL SERMÓN:

ALGO DE LO QUE PUEDO HABLAR CON MI FAMILIA:

MIS NOTAS SOBRE EL SERMÓN

FECHA DE HOY

PASAJE BÍBLICO/SERMÓN

LO QUE DIJO MI PASTOR:

ALGO QUE APRENDÍ HOY:

ALGO QUE PUEDO HACER ESTA SEMANA SEGÚN EL SERMÓN:

ALGO DE LO QUE PUEDO HABLAR CON MI FAMILIA:

MIS NOTAS SOBRE EL SERMÓN

FECHA DE HOY

PASAJE BÍBLICO/SERMÓN

LO QUE DIJO MI PASTOR:

ALGO QUE APRENDÍ HOY:

ALGO QUE PUEDO HACER ESTA SEMANA SEGÚN EL SERMÓN:

ALGO DE LO QUE PUEDO HABLAR CON MI FAMILIA:

¿QUÉ VIENE DESPUÉS?

¿Cómo puedo continuar creciendo como seguidor de Jesús?

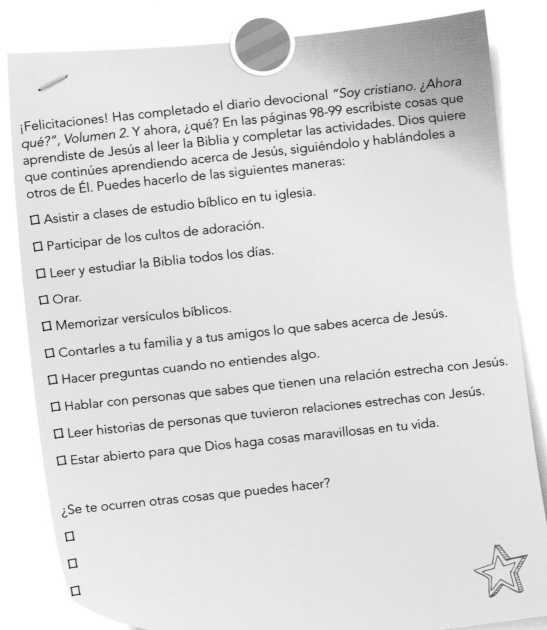

¡Felicitaciones! Has completado el diario devocional "Soy cristiano. ¿Ahora qué?", Volumen 2. Y ahora, ¿qué? En las páginas 98-99 escribiste cosas que aprendiste de Jesús al leer la Biblia y completar las actividades. Dios quiere que continúes aprendiendo acerca de Jesús, siguiéndolo y hablándoles a otros de Él. Puedes hacerlo de las siguientes maneras:

☐ Asistir a clases de estudio bíblico en tu iglesia.

☐ Participar de los cultos de adoración.

☐ Leer y estudiar la Biblia todos los días.

☐ Orar.

☐ Memorizar versículos bíblicos.

☐ Contarles a tu familia y a tus amigos lo que sabes acerca de Jesús.

☐ Hacer preguntas cuando no entiendes algo.

☐ Hablar con personas que sabes que tienen una relación estrecha con Jesús.

☐ Leer historias de personas que tuvieron relaciones estrechas con Jesús.

☐ Estar abierto para que Dios haga cosas maravillosas en tu vida.

¿Se te ocurren otras cosas que puedes hacer?

☐

☐

☐

COMPROMISO DE CONTINUACIÓN DE PADRES E HIJOS

Su hijo ha completado este diario devocional. ¡Celebren este logro de su hijo! Aunque haya terminado este diario, su viaje como seguidor de Jesús continúa. Les damos algunas sugerencias para ayudar a que su hijo continúe aprendiendo más sobre Jesús, siguiéndolo y hablándoles a los demás de Él:

✓ Participen como familia en los cultos de adoración.
✓ Tomen como prioridad que su hijo estudie la Biblia con regularidad.
✓ Den un buen ejemplo a su hijo de lo que significa ser un seguidor de Jesús.
✓ Sean ejemplos de características cristianas.

✓ Oren por su familia y con su familia todos los días.
✓ Busquen oportunidades de ministrar y servir en su iglesia, su comunidad y en el mundo.
✓ Acepten la responsabilidad de ayudar a crecer a su hijo que Dios les ha encomendado.
✓ Proporciónenle a su hijo otros materiales para que crezca espiritualmente.
✓ Asegúrense de que lo que su hijo aprende sea una enseñanza bíblica sana.

Ustedes y su hijo comenzaron este viaje haciendo un compromiso mutuo. Terminen el diario de la misma manera, completando los siguientes compromisos.

COMO PADRE O MADRE, ME COMPROMETO A:

☐ Continuar orando por ti y alentándote cada día.
☐ Vivir de manera que sea un ejemplo positivo del que tú puedas aprender.
☐ Ayudarte a crecer en tu vida espiritual participando con frecuencia de tiempos de adoración en familia y con la familia de la iglesia.
☐ Permitir que Dios obre en tu vida como a Él mejor le parezca (y no como me parezca a mí).
☐ Apoyarte y alentarte para que sigas creciendo en tu relación con Dios.

_____   _____
        Firma de papá o mamá   *Fecha*

YO, TU HIJO, ME COMPROMETO A:

☐ Continuar aprendiendo lo que significa ser seguidor de Jesús.
☐ Tratar de obedecerte y cumplir el plan de Dios para nuestra familia.
☐ Orar todos los días.
☐ Permitir que Dios obre en mi vida como a Él mejor le parezca.
☐ Hablar contigo y hacerte preguntas sobre mi relación con Dios.

_____   _____
        Firma del niño   *Fecha*

CONOCE A LOS ESCRITORES

Todos los que escribimos "Soy cristiano. ¿Ahora qué?, Vol. 2" estamos muy felices de tener la oportunidad de ayudarte a crecer en tu relación con Dios. Mientras escribíamos, estábamos orando para que niños como tú aprendan más acerca de Jesús y lo que significa seguirlo. ¡Gracias por permitirnos ayudarte a crecer como cristiano!

Animal favorito: chita

Condimento de pizza favorito: pepperoni, aceitunas negras y queso extra

Sus vacaciones soñadas: subir al Machu Picchu

Gordon Brown

Comidas favoritas: mexicana y china, ¡pero no al mismo tiempo!

Materia favorita en la escuela: historia

Comida más rara que haya comido en su vida: patas de gallina fritas en Hong Kong

Todd Capps

Hobby: beber café

Condimento de pizza favorito: hongos

Sus vacaciones soñadas: viajar por Europa y visitar sitios históricos

Henry Dutton

Sabor de helado favorito: chocolate con salsa de chocolate y chips de chocolate y nueces

Color favorito: azul

Por dónde aprieta el tubo de dentífrico: ¡por la mitad!

Carol Ellis

Comida favorita: macarrones con queso

Materia preferida en la escuela: música

Si Bill trabajara en un circo, sería: un payaso. ¡Le encanta hacer reír a la gente!

Bill Emeott

Hobby: jugar a "tira la soga" con su perro Ranger

Historia bíblica favorita: Dios rescata a Pedro de la cárcel

Fiesta favorita: la que está celebrando actualmente

Landry Holmes

Golosina favorita:
caramelos gummy

Hobby: trabajar en
el jardín

Si fuera un animal,
Jeff sería: una jirafa,
porque son tan altas
que pueden ver
todo

Jeff Land

Parte del día
favorita: la hora de
ir a dormir

Libro de la
Biblia favorito:
Deuteronomio

Si fuera un crayón,
Tim sería el de color:
siena quemado
(porque le gusta
cómo suena el
nombre)

Color favorito:
¡Cualquiera que sea
un color vivo!

Comida favorita:
brownies

Comida más rara
que comió en su
vida: caracoles
(¡ajjjjjj!)

Tim Pollard

Hobby: la cerámica

Animal favorito:
alce

Comida más rara
que comió en su
vida: alce crudo y
anguila de agua dulce

Tracey Rogers

Sabor de helado
favorito: masa de
galletas de chocolate

Libro de la Biblia
favorito: Hebreos

Si trabajara en
un circo, William
sería: el maestro
de ceremonias,
para poder crear
expectativa ¡y
contar chistes!

William Summey

Color favorito:
violeta

Golosina favorita:
Three Musketeers®
(barra de chocolate)

Hora del día en que
es más chistosa:
2-4 p.m.

Klista Storts

Rhonda VanCleave

Materia preferida en
la escuela: inglés

Comida favorita:
Tex Mex

Si fuera un crayón,
Jerry sería el de
color: verde (porque
nació el Día de San
Patricio, el 17 de
marzo)

Jerry Vogel

ACERCA DE MÍ

Haz un dibujo o pega una foto de ti aquí

Completa estas frases acerca de ti:

Mi color favorito es:

Mi animal favorito es:

Mi comida favorita es:

Si pudiera ser un animal, sería un _____ porque _____.

Compara tus respuestas con las de los escritores de este libro en las páginas 108–109.

Te presentamos otros excelentes materiales:

Soy Cristiano. ¿Ahora qué? Volumen 1 (005561246)

Holman Illustrated Bible Dictionary for Kids,
disponible en inglés (005268545)

Fíjate en estas revistas devocionales en: *www.lifeway.com/kids*

(disponibles en inglés)

PADRES: PARA PEDIR ESTOS MATERIALES,
Comuníquese con un representante de
Servicio al Cliente de LifeWay (1-800-458-2772).

Se entrega este certificado a

_____

el día _____

Fecha

Por haber completado el diario devocional
"Soy cristiano. ¿Ahora qué?", Vol. 2

_____

(Firma de padre o madre)